GÜTERSLOHER
VERLAGSHAUS

Gütersloher Verlagshaus. Dem Leben vertrauen

Georg Milzner

Die amerikanische Krankheit

Amoklauf als Symptom einer zerbrechenden Gesellschaft

Gütersloher Verlagshaus

Bibliografische Information der Deutschen Nationalbibliothek
Die Deutsche Nationalbibliothek verzeichnet diese Publikation in der
Deutschen Nationalbibliografie; detaillierte bibliografische Daten sind
im Internet über http://dnb.d-nb.de abrufbar.

Mix
Produktgruppe aus vorbildlich bewirtschafteten
Wäldern und anderen kontrollierten Herkünften
www.fsc.org Zert.-Nr. GFA-COC-001278
© 1996 Forest Stewardship Council

Verlagsgruppe Random House FSC-DEU-0100
Das für dieses Buch verwendete FSC-zertifizierte Papier
Munken Premium Cream liefert Arctic Paper Munkedals AB, Schweden.

1. Auflage
Copyright © 2010 by Gütersloher Verlagshaus, Gütersloh,
in der Verlagsgruppe Random House GmbH, München

Umschlaggestaltung:
Umschlagmotiv: PNetzer / Fotolia.com
Druck und Einband: CPI — Ebner & Spiegel, Ulm
Printed in Germany
ISBN 978-3-579-06871-8

www.gtvh.de

Inhalt

Einleitung

I.

Ein Junge oder ein junger Mann, eine schwere Waffe in der Hand, behängt mit Munition. Meist in Schwarz gekleidet, der Farbe der Desillusionierten, der Trauernden und der Rächer. Bereit zu schießen, um zu töten; treffsicher, denn er hat viel geübt. Heute Abend wird alles vorbei sein, es wird Tote gegeben haben, vielleicht viele Tote, Schreie des Schreckens und Blicke der Angst, und er, der Mörder, wird sich in einer letzten Illusion von Größe selbst das Leben genommen haben. Dann hängt das Entsetzen über der Stadt, meist einer kleineren Stadt, über der Schule, dem Altenheim, dem Kindergarten. Und durch das Entsetzen hindurch wird man immer wieder die eine Frage hören: Warum?

Ja, warum? So kurz die Frage ist, so lang wird man ausholen müssen, damit die Antwort auch nur einigermaßen befriedigend ausfällt. Denn die knappen und gut gemeinten Erklärungsansätze – ein frustrierter Schüler oder ein Schulabgänger, Außenseiter und natürlich Computerfreak – erklären im Grunde nichts oder kaum etwas. Mit dem Hinweis, er sei ein schlechter Schüler, Außenseiter und Computerfreak gewesen, könnte man nämlich ebenso einen Gutteil der gegenwärtig erfolgreichen Regisseure und Werbeleute, Rocksänger und Mediendesigner erfassen. Und wenn diese Merkmale schon zu einer krankhaften Entwicklung führen sollen, warum dann ausgerechnet zu einem geplanten Massaker und nicht – sagen wir – zu unkontrolliertem Kiffen, Panikattacken oder zur Mitgliedschaft in einer satanistischen Sekte?

II.

Ein Amokläufer ist ein Gewalttäter, ein Mörder. Der Tod, den er bringt, dringt wie ein stumpfes Geschoss auch in unser Erleben ein. Denn so vollkommen sinnentleert wie der Tod, den der Amoklauf bringt, mutet uns selbst der Tod im Krieg, ja, der Tod infolge von »normaler« krimineller Gewalt, die wir ja meist auf simple primitive Antriebskräfte zurückführen können, kaum an. Der Tod, den der moderne Amokläufer streut, führt dagegen anscheinend zu nichts, er erstreitet nichts, er rundet nichts ab. Und wenn man sagen kann, dass ein normaler Mörder sich nach seiner Tat womöglich besser fühlen mag, indem er sich bereichert hat oder Rache übte, spontane Wut entlud oder sich im Dienst einer Sache wusste, so trifft nichts von alledem auf den modernen Amokläufer zu. Er kann sich nicht besser fühlen, denn für gewöhnlich schließt sein eigener Tod das Massaker ab. Und auch dies geschieht mit eigentümlicher Stumpfheit, so, als bedeute dem Täter weder sein Leben etwas noch das von irgendwem sonst.

Wer die Mechanismen des Amoklaufs untersucht, kommt nicht umhin, sich mit Mechanismen von Gewalt und Aggression auseinanderzusetzen. Doch da jede Zeit und jede Kultur ihre Spielarten von Gewalt hervorbringt, so müssen wir erst die Mechanismen von Gewalt grundsätzlich und danach die zeitgebundenen Variationen der Gewalt betrachten. Aus dieser Auseinandersetzung lässt sich dann vielleicht verstehen, warum der Amoklauf in seiner modernen Form so erschreckend an Raum gewinnen konnte.

Sicher scheint mir zu sein, dass wir, wenn wir den Amoklauf untersuchen, ihn nicht allein als individuelles Phänomen, sondern als eine gesellschaftliche Erkrankung ansehen müssen. Daher werde ich in diesem Buch nur wenig von den Tätern selbst sprechen, viel aber von den Umständen und von den Faktoren, die ihre Taten begünstigen. Dies entspricht auch der später im Buch ausgeführten Idee, dass die Täter sich keiner gesteigerten Aufmerksamkeit gewiss sein dürfen, selbst nach ihrem Tod nicht, da Aufmerksamkeit immer einen sozialen Verstärker darstellt, auf den der Täter rechnet – und zwar in seiner Fantasie auch noch über den Tod hinaus.

Dies Buch wurde geschrieben, um hilfreich zu sein. Denn so viele Analysen zum Thema es auch gibt, ich habe nicht den Eindruck, dass eine davon das Gefühl der Sicherheit und der Kompetenz für uns alle erhöht hat. Das liegt keineswegs an der mangelnden Kompetenz der Forscher und Therapeuten, ganz gewiss nicht. Es ist nur einfach so, dass es wirkliches Expertentum, das auch kompetentes Handeln ermöglichte, hier nur in begrenztem Maß geben kann. Denn in unseren Breiten ist der Amoklauf etwas verhältnismäßig Neues – etwas Neues, das uns, wie manche andere soziale Störung auch, mit Amerika verbindet.

III.

Der Amoklauf in seiner heutigen Form ist ein Phänomen der Kultur. Alle Versuche, dies Phänomen an ein paar irregeleiteten Einzelnen festzumachen, müssen daher notwendig scheitern. Denn sie begreifen den Aspekt nicht, der das Phänomen überhaupt erst hervorbringt. Dieser Aspekt aber liegt in der kulturellen Bewusstseinslage, bzw. konkret in dem, was man das kulturelle *Un*bewusste nennen könnte. Dies, das kulturelle Unbewusste, gibt sich in der modernen Welt vor allem in Bildern zu erkennen. Hier liegt ein wichtiger Grund dafür, dass die Rolle der Medien im Zusammenhang mit der Gewalt so heftig diskutiert wird. Denn das Imitationsphänomen allein kann der Grund dafür nicht sein. Seit der Selbstmordwelle nach dem Erscheinen von Goethes »Die Leiden des jungen Werther« ist klar, dass ein Modell nur dann in größerem Maßstab wirksam wird, wenn es eine Befindlichkeit vorfindet, zu der es passt. Diese Befindlichkeit aber ist es, die weitaus interessanter und erheblich wichtiger zu erfassen ist als die möglichen Killer-Modelle, bei denen wir wohl davon ausgehen müssen, dass es immer und überall welche geben wird.

Die in den letzten Jahren zum Thema publizierten Studien waren zumeist Rekonstruktionen und Analysen der Hergänge einzelner Massaker, wobei der Hintergrund der Einzeltäter näher betrachtet wurde. Oder aber sie versuchten, anhand der Auswertungen größeren statistischen Materials kriminologisch zu ergründen, worin das Typische der Tat und der Täter besteht. Diese Ansätze sind wertvoll, aber sie genügen nicht. Daher ist die Vorgehensweise in diesem Buch eine andere. Die Biografie des Einzeltäters betrachtet es nur am Rand, da der Täter weniger als individuelle Gestalt, als vielmehr als Typus zum Amokläufer wird. Und der statistische Datenbefund ermöglicht zwar die Bestimmung möglicher Täterkreise, bleibt hierbei jedoch so vage, dass mir seine stärkste Rolle in der Ausräumung von Fehl- und Vorurteilen zu bestehen scheint.

Der vorliegende Ansatz, den modernen Amoklauf zu untersuchen, geht von zwei Seiten her an das Thema heran. Zunächst wird das Bild des Amokläufers als einer speziellen Form des Gewaltverbrechers mithilfe von medialen Analysen untersucht, die helfen, die spezielle Art von Gewalt, für die er steht, besser zu begreifen. Wir werden dabei finden, dass die Art der Gewalt, die den modernen Amokläufer kennzeichnet, tatsächlich sehr speziell und medial gut vorbereitet ist. Darüber hinaus werden wir den Zustand, in dem er sich befindet, als eine Art destruktiver Selbsthypnose beschreiben. Sodann werden wir den modernen Amoklauf als eine Zeit- und Kultursymptomatik beleuchten; eine Symptomatik, die nicht zufällig entstanden ist und die nur vor dem Hintergrund einer gesellschaftlichen Betrachtung wirklich fassbar wird.

Aus beiden Analysen zusammen wird dann eine Serie praktischer Hinweise zur Intervention bei Amokläufen und zur potenziellen Prävention weiterer Massaker entwickelt.

Ein besonderes Augenmerk verdient die Frage, wie eine neue Qualität von Gewalt nahezu unbemerkt in unsere Kultur einwuchs. Denn während wir einerseits bemüht waren, schon im Kindergarten präventiv zu sein und für angemessenes, gewaltfreies Konfliktverhalten zu sorgen, rüsteten sich anderenorts düstere Kräfte und übernahmen Zonen unserer mentalen Verfassung, ohne dass irgendwer sich dagegen auflehnte. Platt wäre es, hier nur »die Medien« zu nennen. Denn Medien sind, ganz wie der Name sagt, Mittler. Und was sie vermitteln ist das, was an latenter Bereitschaft in unserer Kultur schlummert. Eine wesentliche Aufgabe des vorliegenden Buchs wird es sein, diese latent begünstigenden Faktoren medial herzuleiten und damit das Klima zu bestimmen, das den modernen Amoklauf in seinem Wachstum begünstigte. Und das wir verändern müssen, wenn wir diesen verhindern wollen.

IV.

Wie der Tigerpython, ursprünglich in Birma beheimatet, nach den USA eingeschleppt wurde und dort in Florida, in den Everglades, ideale Bedingungen vorfand, um sich ungehemmt zu verbreiten, gerade so gelangte der Amoklauf in unsere Kultur und konnte sich dort, da er keinen nennenswerten Widerstand hatte, ausbreiten. Das soll nun nicht heißen, dass es hierzulande niemals einen Amoklauf gegeben hätte. Doch die Qualität und die Häufung dessen, was wir den »modernen Amoklauf« nennen können (und was mit dem spontanen Ausrasten derer, denen dieser Begriff ursprünglich gewidmet ist, nichts mehr zu tun hat), setzt sich von dem, was in Europa bekannt ist, doch so sehr ab, dass das Störungsbild Amerika zugeordnet werden darf.

Warum nun fand der Amoklauf als Merkmal einer anderen Kultur hier keinen Widerstand? Wie vermochte dies Virus in den Organismus unserer Kultur einzudringen? Und warum konnte es dort so schauerliche Dinge anrichten? Die Antwort liegt in der Schwächung unserer eigenen Gesellschaft. Wir werden im Verlauf dieser Untersuchung erkennen, dass der Hintergrund des modernen Amoklaufs in den Leitbildern der amerikanischen Kultur zu suchen ist; Leitbildern, die mit dem kämpfenden Einzelnen zu tun haben und deren Zerrbild der isolierte Mörder darstellt, wie er uns im modernen Amokläufer begegnet. Dieser noch näher auszuführenden Zusammenhänge wegen macht es auch keinen Sinn, den modernen Amoklauf an ein paar einzelnen Fehlgeleiteten festzumachen. Es ist ja auch nicht der Tigerpython allein, der für die Probleme in den Everglades sorgt, sondern eben auch der Umstand, dass ihm dort kein nennenswerter Widerstand begegnete.

V.

Wirkliche Fachleute für moderne Amokläufe kann es noch nicht geben. Das hat vor allem zwei Gründe. Der erste ist der, dass die Anzahl der Amokläufer – zum Glück – klein ist, und statistische Befunde sich daher in Größenordnungen bewegen, die nur bedingt verlässlich sind. Immerhin lassen sich daraus Profile erstellen, die zum Beispiel der Früherkennung dienen. Wobei hier eine gewaltige Fehlerquote in Kauf genommen werden muss, was konkret bedeutet, dass man eine größere Anzahl Jugendlicher befragen, konfrontieren und untersuchen wird, von denen dann vielleicht nicht einmal einer wirklich Pläne für ein Massaker hatte. Immerhin mag hier der Effekt den Aufwand rechtfertigen. Und doch erinnert dies Vorgehen an die Terroristenfahndungen, bei denen immer viele, allzu viele Unschuldige Schikanen ausgesetzt wurden.

Der zweite Grund, dass es keine wirklichen Fachleute für Amokläufer gibt, besteht in dem Umstand, dass man diese für gewöhnlich nicht behandelt. Denn die mit Abstand meisten Amokschützen sterben, richten sich selbst oder werden getötet. Und so weiß hinterher niemand wirklich, was der Täter vielleicht gebraucht hätte oder wie ihm frühzeitig hätte eine Grenze gesetzt werden können. Klinische Empfehlungen sind daher ebenso wie die Modelle der *profiler* höchst unsicher und verheißen etwas, was dann im konkreten Fall nicht mehr stimmt.

Wenn es nun also keine wirklichen Fachleute für Amokläufer gibt, was gibt es dann? Es gibt gegenwärtig vor allem Forscher, die aus den Daten, die wir über Amokläufer haben, ein Bild vom Amokläufer entworfen haben, das, wie gesagt, zur vagen Früherkennung möglicherweise taugt. Sodann, eher im Verborgenen, gibt es Wissenschaftler mit kulturübergreifendem Blickwinkel, die das Phänomen kulturell zuordnen können. Polizisten versuchen, vorbeugend tätig zu werden. Und endlich gibt es jene Psychologen und Psychiater, die mit klinischem Besteck Diagnosen stellen und die aus ihrer klinischen Arbeit gewalttätige Menschen kennen.

Zur letzten Berufsgruppe gehöre ich auch, denn ich bin Psychologe und Psychotherapeut. Die Arbeit mit psychischen Ausnahmezuständen und hierbei insbesondere mit Aggression und Gewaltneigung gehört zu den Schwerpunkten meiner Arbeit. Die Spannweite ist dabei groß, denn Gewalt beginnt früh und endet spät. Wenn ich die Klienten betrachte, die in den vergangenen zwanzig Jahren meine Sprechstunden aufsuchten, dann kann ich einige wenige ausmachen, die zu Amokläufern hätten werden können, da ihre soziale Situation, ihre emotionale Verfassung und vor allem ihre zielgerichteten Fantasien sie hierfür hätten prädestinieren können. Bei zweien meiner Patienten und Analysanden glaube ich, dass ein Amoklauf, der sich innerlich bereits abzeichnete, verhindert werden konnte. Dass sie keine Amokläufer wurden, woran liegt das aber? Daran, dass sie sich in meiner Therapie befanden? Vielleicht. Vielleicht aber auch nicht.

Was nämlich einen jungen Mann (Mädchen sind extrem selten, in den USA liegt die Quote bei ungefähr fünf Prozent; in Deutschland sind Amokläuferinnen bislang unbekannt, obwohl in einem Fall Pläne dazu nur knapp verhindert wurden) dazu treibt, Massaker unter Menschen anzurichten, die ihm und seiner Waffe ausgeliefert sind, das ist nicht an einem einzelnen Faktor festzumachen. Vieles muss zusammenkommen – aber ist das nicht auch bei anderen Störungsbildern so? Mir scheint, dass wir, um besser handeln zu können, den Blick nicht allein beim Amokläufer lassen dürfen, sondern uns mit den im Amoklauf wirkenden Mythen und Mechanismen der Gewalt grundsätzlich befassen müssen, um daraus dann Ableitungen zu treffen, die der besonderen Situation des Amoklaufs angemessen sind. Dabei ist zu beachten, dass wir es beim Amoklauf auch mit einer Art sozialer Symptombildung zu tun haben, deren Träger die Täter mit den von ihnen angerichteten Blutbädern sind. Mit dieser Diagnose möchte ich keineswegs den einzelnen Täter entlasten. Ich möchte aber herausheben, dass es Bedingungen gibt, die ermöglicht haben, dass Amokläufe in unserer Lebensform ein Thema werden konnten. Diese Bedingungen und ihre Wirkzusammenhänge zu erkennen stellt die Basis für mögliche Veränderungen dar.

VI.

Wie gestaltet man ein Buch, das mit dem Schrecken, seiner Analyse und mit den Ansätzen seiner möglichen Überwindung zu tun hat? Wohl am besten, indem man in einem Dreischritt vorgeht und zunächst das Thema in seiner Gestalt untersucht, dann in die Tiefe taucht und endlich aus der Erkenntnis der Motive und ihrer Verflechtungen am Ende Aussichten ableitet. Denn ein erschreckendes Phänomen, bei dem sich die Einzelfälle häufen, verlangt geradezu, nach tieferen Ursachen zu graben. Diese Ursachen werden wohl kaum nur in den Einzelnen liegen – denn das würde ja die Häufung nicht erklären. Unsere analytische Kunst besteht also darin, das Phänomen auf seine vielschichtigen Hintergründe zurückzuführen, um danach auf die übergeordnete Ebene möglicher Konsequenzen zu kommen.

Ich schreibe dies Buch nicht für ein klinisches Fachpublikum.

Denn da es hier auch um die Bedeutung unserer Lebensform für den Amoklauf geht, so scheint mir, sollte das Buch bei einer minimalen Anstrengung prinzipiell von jedem Interessierten gelesen werden können. Daher habe ich auf wissenschaftliche Gepflogenheiten wie das ständige Aufführen von Zitaten weitgehend verzichtet – was im Übrigen nicht schwer war, da es über den Amoklauf noch keine größeren Studienberge gibt. Außerdem habe ich meine Ausführungen so knapp gehalten, wie mir das möglich war, und den Lesern und mir um der Prägnanz der Thesen willen ausufernde Anmerkungen erspart.

Das erste Kapitel führt in das Thema »Amoklauf« und in seine heutige Variante, das geplante Massaker, ein. Das Phänomen selbst und seine Varianten werden betrachtet und die unterschiedlichen Ebenen, die darin wirksam sind, werden nachvollziehbar gemacht. Das zweite Kapitel bestimmt den Amoklauf als eine Erkrankung, die versuchsweise individuell erklärt werden kann und zeigt auf, dass die aktuellen Erklärungsmodelle in keiner Weise genügen. Kapitel drei bestimmt die im Amoklauf wirkenden Faktoren anhand einer Matrix der Gewalt. Im anschließenden Kapitel unternehmen wir den Versuch, aus den gewonnenen Erkenntnissen eine vorläufige Typologie des modernen Amokläufers zu entwickeln. Wir vergleichen moderne Amokläufer mit Selbstmordattentätern, untersuchen ihren verengten seelischen Innenraum und die spezielle Form von Hass, die in ihnen wirkt.

Mit diesem Rüstzeug versehen, erläutern Kapitel fünf, sechs und sieben die gesellschaftliche Bedingtheit des Amoklaufs. Die strukturellen Faktoren, die den Amoklauf begünstigen, werden in Kapitel fünf offengelegt. Wir erkennen den Bezug zwischen wirtschaftlicher Leitkultur und gestörtem Einzeltäter. Darauf betrachten wir im sechsten Kapitel die Rolle des kulturellen Unbewussten und seiner Bilder u.a. mithilfe des Western-Films, der ja wie ein Logo über der Präsidentschaft George W. Bushs hing und der die wirksame Selbststilisierung der Täter als einsame Rächer zusätzliche Unterstützung verschaffte. Das siebte Kapitel weitet dann wieder den Blick und analysiert die schillernde Rolle der Medien, vor allem die des Films und der Computerspiele.

Nach diesen Analysen widmen sich die Kapitel acht bis zehn

den möglichen zu treffenden Maßnahmen. Dabei nimmt jedes Kapitel auf einen speziellen Wirkungskreis Bezug. Das achte Kapitel entwirft Wege und Chancen der Kommunikation und Intervention, auf denen Trainings für Lehrer und sozialberuflich Tätige aufbauen. Die hier entwickelten Ideen fußen zu einem großen Teil auf Workshops, die ich zum Thema »Kommunikation und Aggression« gegeben habe, sowie auf neu entwickelten kommunikativen Strategien, die auf Prinzipien der sozialen Inszenierung gründen. Nach diesen individuell ausgerichteten Einflussmöglichkeiten zeigt Kapitel neun Notwehrstrategien und Möglichkeiten der institutionellen Prophylaxe auf, steckt also den Rahmen weiter. Im Schlusskapitel wird dann abermals eine Blickerweiterung vorgenommen und wir betrachten die Maßnahmen, die auf gesellschaftlicher Ebene zur Überwindung des Phänomens »Amoklauf« notwendig sind.

Ich werde im Buch keinen der Mörder, die seinen Anlass bilden, namentlich nennen. Dies hat seinen Grund darin, dass mir die öffentliche Aufmerksamkeit für die Täter bereits empfindlich übersteigert zu sein scheint. Auch können individualpsychologische Studien, wie sich im Verlauf des Buchs zeigen wird, viel zu wenig von dem erhellen, was den modernen Amoklauf kennzeichnet. Daher werden, wo überhaupt auf Einzelne verwiesen wird, versachlichende Formulierungen wie »die Mörder von Columbine« Verwendung finden. Auch wird immer wieder betont werden, dass die Einzeltäterschaft der meisten Amokmörder nur vordergründig ist und wir auf einen Irrweg geraten, wenn wir annehmen, dass es sich mit ihnen bloß um ein paar versprengte Verrückte handelt. Vielmehr stoßen wir mit zunehmendem Weiterschreiten in unserer Analyse auf gesellschaftliche Faktoren, die den Amokläufer leiten, ohne dass er sich selbst darüber im Klaren ist. Wenn unsere Gesellschaft sich aber hinsichtlich dieser Faktoren nicht verändert, dann werden die Krankheitssymptome dieser Gesellschaft, zu denen der Amoklauf gehört, auch nicht verschwinden.

Georg Milzner   Edinburgh, im Sommer 2010

I. Herkunft und Entwicklung des Amoklaufs

1. Ein Schrei des Krieges

Es beginnt mit den Namen: Littletown und Emsdetten, Dunblane, Erfurt, Binghanton und Winnenden sind Synonyme für einen neuen Schrecken unserer Kultur: den Amoklauf. Diese einerseits archaische und andererseits hochmoderne Variante von Gewalt beginnt zusammen mit dem Terrorismus unser Bild von Bedrohung zu prägen, ja, für viele ist sie gegenwärtig wohl *die* Bedrohung schlechthin, denn sie liegt näher als die immer etwas abstrakt anmutenden Szenarien der Kriege und der Seuchen, die sich anderswo ereignen.

Es hat gute Gründe, dass wir die Orte des Geschehens erinnern, die Namen der Täter aber nicht. Denn Amokläufe erzeugen in uns einen Schrecken, wie das sonst Großbrände oder einstürzende Gebäude tun, unter denen Verschüttete sterben. Der Eindruck ist eher der einer Katastrophe als der eines gewöhnlichen Verbrechens. Meist ist die Zahl der Opfer noch nicht klar, wenn die Berichterstattung bereits beginnt. Und übrig bleibt immer die Frage: Wie konnte das passieren?

Es handelt sich bei dem, was heute als Amoklauf bezeichnet wird, eigentlich keineswegs um echte Amokläufe, sondern um geplante Massaker. Denn wenn wir davon ausgehen, dass ein Amoklauf mit einem spontanen Ausbruch von Zorn und Zerstörungsbereitschaft zu tun hat, dann passen zum Beispiel die Notizen des Mörders von Emsdetten nicht ins Bild, aus denen die umsichtige Planung hervorgeht, mit der er vorgegangen ist. Dennoch hat sich der Begriff »Amoklauf« für eine Massentötung mit anschließendem gewaltsamem Ende eingebürgert und wird sowohl von der Weltgesundheitsorganisation (WHO), als auch in den geltenden psychiatrischen Glossaren DSM-IV und ICD-10 verwendet. Wie es aber mit psychiatrischen Glossaren zu gehen pflegt – die Zuordnung hilft nicht wirklich weiter, wenn wir nicht den Blick dehnen und historische, kulturelle und individualpsychologische Daten hinzunehmen.

Der Amoklauf ist ursprünglich ein kulturelles Phänomen. In Malaysia angesiedelt, heißt er eigentlich »Amuk«. Jemand, der »Amuk« läuft, hat etwas erfahren, was wir wohl als eine narzisstische Kränkung beschreiben würden. Infolgedessen bricht seine Selbstkontrolle zusammen und er beginnt einen blindwütigen Lauf des Tötens und der Zerstörung. Am Ende dieses Laufs steht allerdings, anders als in unserer modernen Version, keine Selbsttötung. Vielmehr *wird* der Amuk-Laufende üblicherweise umgebracht.

Es ist für unsere Untersuchung wichtig zu wissen, dass das »Amuk«-Laufen sich aus kriegerischen Handlungen entwickelt und sich von diesen allerdings gelöst hat. »Amuk!« ist ursprünglich so etwas wie ein Schlachtruf, der Kriegshandlungen beginnt. »Amuk« bedeutet in etwa »rasen«. »Amuk« zu rufen ist also eine Aufforderung zur Raserei, zum Wüten, zur blinden Aggression. Wenn nun dieser Ausdruck aus dem Kriegsbereich herausgelöst und in das normale Zusammenleben hineingetragen wird, dann heißt dies, Kriegerisches findet da statt, wo üblicherweise keine Kriege geführt werden. Wer »Amuk« läuft, ist ein Krieger, der nicht mehr für sein Volk und seine Gemeinschaft kämpft. Sondern *gegen* sie.

2. Seit wann?

Auch in unseren Breiten ist der Amoklauf nicht neu – aber er hat sich verändert. Eine genaue zeitliche Zuordnung des Beginns moderner Amokläufe fällt daher schwer. Üblicherweise wird die Zeitrechnung des Amoklaufs in eine Zeit vor 1999 und eine Zeit nach 1999 aufgespaltet. 1999, das war das Jahr des Amoklaufs an der Columbine-Schule in Littleton, der als Prototyp moderner Schulmassaker eine seltsam irritierende Position innehat. Dabei wird freilich vergessen, dass mit Columbine keineswegs etwas begann. Vielmehr waren in den zwei Jahren zuvor, 1997 und 1998, in den Vereinigten Staaten in sechs Amokläufen insgesamt 65 Menschen zu Tode gekommen oder verletzt worden. Wieso also Columbine? Was begann hier, oder besser, was wurde anders?

Zwei Dinge sind es, die uns hier beschäftigen müssen. Zum einen: die Inszenierung des Massakers. Denn die Täter von Columbine gingen ihren grausamen Auftritt mit einer *stylishness* an, so als würden sie dabei gefilmt. Die langen schwarzen Mäntel, die sie trugen, hatten sie dabei jenem angelehnt, den Leonardo DiCaprio in einer Traumsequenz in dem Film »*The basketball diaries*« trägt, in der er sich anschickt, seine Schulkameraden und den verhassten Priester niederzuschießen. Besondere Bedeutung kommt auch dem Datum bei: Der 20. April ist Hitlers Geburtstag.

Zum anderen ist da der finale Suizid. Denn indem sie sich selbst töteten, machten die Mörder von Columbine etwas anders als ihre Vortäter, die zumeist in psychiatrische Anstalten oder in Gefängnisse wanderten. Kaum jemand weiß heute, dass zwei der Massenmörder von 1998 damals noch unters Jugendstrafrecht fielen und deswegen heute auf freiem Fuß leben. Und es ist gänzlich aus dem modernen Bewusstsein verschwunden, dass der Selbstmord ursprünglich keineswegs ein Merkmal von Schulmassakern ist. Zu diesem Merkmal wurde er erst mit Columbine.

3. Vom Einzelfall zum Schrecken der Gesellschaft

Der früheste bekannte Amoklauf in der deutschen Geschichte ist der des Hauptlehrers Ernst Wagner, dessen Schicksal und Verbrechen der Tübinger Psychiater Gaupp einst aufzeichnete. Diese Geschichte ist einer jener Beispielfälle der Psychopathologie, die als Vorlesungsstoff durch die Jahrzehnte gehen – so lange, bis neue Phänomene die alten in den Schatten stellen.

Bei dem Hauptlehrer Wagner handelte es sich um einen Mann, der sonst nicht weiter aufgefallen war. Als er im Jahr 1913 zunächst seine Familie und dann zwölf weitere Menschen tötete, da stellte er einen bizarren Einzelfall dar. Das Bizarre lag nicht allein im Umfang seiner grausamen Tat – vier Kinder, die Ehefrau und jene zwölf Weiteren –, sondern auch in der Vorgehensweise, denn die zwölf starben, als sie vor Feuern flohen, die der Hauptlehrer in Vaihingen und umliegenden Ortschaften gelegt hatte. Und endlich war der Hintergrund der Tat einigermaßen bizarr. Wagner glaubte nämlich, dass man über ihn verbreite, er sei im Stall mit Tieren intim gewesen. Zutiefst in seiner Ehre gekränkt, griff er zu dem Mittel, das ihm als einziger Ausweg erschienen sein muss. Und wurde zum Amokläufer.

Der Hauptlehrer Wagner stellt auch dadurch einen Einzelfall dar, dass wir seinen Namen erinnern. Denn wie schon gesagt, erinnern wir heute die Namen der Täter nicht oder nur kaum, wohl aber die der Orte. Eine etwas unheimliche Spur führt dabei aber doch von damals in unsere Tage, denn der Hauptlehrer Wagner verstarb in Winnenden; also dort, wo sich einer der größten Amokläufe der letzten Jahre ereignete. Spuren wie diese betonen das Provinzielle, einen Faktor, auf den nur selten hingewiesen wird, obgleich er vielleicht wesentlich ist.

Großstädte sind tatsächlich kein Amok-Schauplatz, es sind vielmehr die mittleren und kleinen Städte, die von modernen Amokläufen betroffen sind. Vielleicht ist dies der Grund, aus dem sich die Namen so sehr einprägen, denn üblicherweise verbindet man mit den betreffenden Orten nichts, außer eben dem Massaker (Erfurt war die Ausnahme). Und dann wird durch das Kleine, das anscheinend Behütete der Schauplätze auch der Eindruck erhöht, Amokläufe könnten sich jetzt und gleich hier ereignen und brächen gewissermaßen ins Allerbürgerlichste ein, während doch für gewöhnlich die Krisengebiete klar erkennbar und vor allem anderswo sind.

Tatsächlich macht der potenzielle Amoklauf aus jeder Idylle ein Krisengebiet. Der Ort des nächsten Amoklaufs kann die benachbarte Schule oder das örtliche Arbeitsamt sein. Schulen, die von Amokläufern heimgesucht werden, stehen gegenwärtig im Mittelpunkt der Aufmerksamkeit, doch sind auch Ämter und Wohnheime, Krankenhäuser und Kindertagesstätten schon betroffen gewesen. Allerdings mag der Umstand, dass Ernst Wagner Lehrer war, heute wie ein Omen erscheinen, das bereits auf die Schulmassaker verweist, mit denen wir es nun zu tun haben.

Vielleicht ist es angesichts dieser Tatsache wichtig zu erkennen, dass andere, weniger spektakuläre Störungsbilder den Schulalltag bereits seit Jahren prägen. So ist die Anzahl der Kinder, die unter Kopfschmerz leiden, in den vergangenen Jahren rasant gestiegen. Kopfschmerz ist bei Kindern eigentlich immer ein seltenes Phänomen gewesen, der typische Kinderschmerz ist der Bauchschmerz. Doch dies hat sich gewandelt. Besonders nach dem Wechsel auf die höhere Schule leidet ein ansehnlicher Prozentsatz von Kindern zeitweise unter Kopfschmerzen, von denen sich wiederum ein nicht unwesentlicher Anteil chronifiziert. Werden hier Druckmechanismen wirksam, die gewissermaßen *under cover* das Leben von Schülerinnen und Schülern längst mehr prägen, als dies offiziell wird? Oder äußert sich jene Erwartungsangst, die bei Eltern so häufig anzutreffen ist und den oft hektischen Apparat der Frühförderung prägt – Wird mein Kind es schaffen? Kommt mein Kind da noch mit? – hier in den Symptomen der Kinder?

Gleichviel. Ein Ort der lauschigen Selbstentwicklung ist die Schule ganz sicher nicht. Auch wenn sie liberal geführt, freundlich, ja herzlich ist vonseiten des Direktoriums und der Lehrerschaft, so kommt sie doch aus ihrer Rolle nur schwer heraus, und diese Rolle ist mit der Gesellschaft, in der wir leben, untrennbar verknüpft. Dabei ist ganz selbstverständlich, dass gesellschaftliche Wandlungen sich ebenso wie kulturelle Ängste in ihr spiegeln. Und wie wir noch sehen werden, spiegeln sich diese gleichermaßen im modernen Amoklauf.

Die Analyse des Psychiater Gaupp, der den bizarren Einzelfall in seinen Verästelungen analytisch aufzeichnete, verhinderte seinerzeit, dass der Hauptlehrer Ernst Wagner der Todesstrafe verfiel. Doch wurde dies dadurch möglich, dass es sich eben um einen bizarren Einzelfall handelte. Heute scheint es, als hätten wir unterschwellig begriffen, dass die Einzelfallanalyse uns im Fall des Amoklaufs nicht mehr voranbringt. Vielmehr wird an Computerprogrammen gefeilt, die Täterprofile in Gefahrenprofile überführen und dabei helfen sollen, im Vorfeld potenzielle Amokläufer auszumachen. Dies wird gewiss hilfreich sein. Aber reichen wird es nicht.

Denn alles *profiling* gibt uns keine Handhabe, den Täter zu begreifen. Und ohne zu begreifen, was in ihm wirkt, werden wir kaum Möglichkeiten haben, ihn zu hindern – auch wenn wir die Risikogruppe ermitteln können, der er vielleicht angehört. Was aber wirkt im Täter, und warum hilft die Einzelfallanalyse kaum weiter? Und was haben heutige klinische Zugänge uns mitzueilen; welche Thesen über das, was im Amokläufer wirkt, können sie uns bieten?

4. Abgrenzungsversuche

Bevor wir uns eingehender mit den klinischen Diagnosen beschäftigen, die auf Amokläufer angewandt werden, werfen wir einen Blick in die Kriminologie und betrachten, wie man Amokläufe dort zuordnet. Die kriminologischen Untersuchungen trennen zwischen verschiedenen Typen von Amokläufen und unterscheiden etwa die »*school shootings*« von der »*workplace violence*«, wobei beide gemeinsam haben, dass sie sich an Orten ereignen, die der Täter sehr gut kennt und auf die er seinen Hass und seine Zerstörungswut richtet. Daneben gibt es die Variante des Amoklaufs, bei der der Täter scheinbar wahllos tötet – doch erwies sich in jüngster Zeit, dass die scheinbare Wahllosigkeit nur bedingt wahllos ist, denn rein statistisch betrachtet liegt zum Beispiel die Zahl getöteter Frauen deutlich über der der getöteten Männer. Dies wird uns später in unseren Mutmaßungen über die Rolle des Sexuellen im Amokschützen noch einmal beschäftigen. Endlich wird vor allem in amerikanischen Studien der Begriff »*rampage*« verwendet, wobei die Absicht des Täters diesen Studien zufolge darin liegt, in kurzer Zeit möglichst viele Menschen zu töten. Der Begriff soll vom Massenmord unterscheiden, bei dem man davon ausgeht, er könne sich auch über einen längeren Zeitraum erstrecken.

Auf den ersten Blick erscheint es durchaus sinnvoll, Kriterien für unterschiedliche Formen des Amoklaufs zu bilden. Doch bei näherem Hinsehen erweist sich dies als wenig hilfreich. Unscharf und damit irreführend ist zum Beispiel die Unterscheidung von »*school shootings*« und anderen Amokläufen. Denn wo ordnen wir hier zum Beispiel die Universitäts- und Highschool-Massaker zu – die 32 Morde in Blackburg/Virginia 2007 etwa oder den Amoklauf an der Hochschule von Illinois 2008, der sich während einer Vorlesung ereignete? Es mag zwar ein Bedürfnis vorliegen, dem Schrecken moderner Schulmorde einen eigenen Namen zu geben, um seine Neuheit zu spiegeln, doch ein praktischer Nutzen entsteht hierdurch nicht. Eher noch wächst die Verwirrung.

Auch der Versuch, moderne Amokläufer als unauffällige Jugendliche zu bestimmen, schlägt fehl. Im Fall der Schulmorde liegt es natürlich nahe, hier von jungen Tätern auszugehen – so lange jedenfalls, bis kein Lehrer zum Täter wird. Dass Amokläufer aber im Allgemeinen tendenziell jung und durchschnittlich sowie in Sachen Gewalt unauffällig wären, trifft nicht zu. Die Morde von Schwalmtal etwa gehen auf das Konto eines in Gewaltdingen schon vorher auffällig gewordenen 71-Jährigen, der dem Vernehmen nach auch in der eigenen Familie als gewaltbereit bekannt war.

Klarer wird das Bild schon da, wo wir die geschlechtliche Zuordnung betrachten. In den Vereinigten Staaten sind bei einer Vielzahl moderner Amokläufe nur vier auf das Konto von Mädchen und Frauen zu verbuchen, während in Deutschland die versuchten Morde von St. Augustin das erste Mal waren, dass eine Schülerin als potenzielle Täterin in Erscheinung trat. Eindeutiger wird es bei den Opfern. Weibliche Opfer sind deutlich in der Überzahl, manchmal bilden sie das primäre Ziel. Beispiele für Taten, bei denen weibliche Opfer die bevorzugten waren, sind die Morde von Bridgeville im August 2009 (fünf Tote, alle gehörten einem Tanzkurs ausschließlich für Frauen an) sowie der Angriff auf eine Amish-Schule in Pennsylvania 2006, bei der fünf Mädchen den Tod fanden. Wie dies zu bewerten ist, lassen wir vorerst noch offen und kommen später im Zusammenhang mit den Fragen nach einer gestörten Sexualität und nach dem Grundmotiv der Feigheit auf diesen Punkt zurück.

5. Der kulturelle Spiegel

Serienkiller, Kinderschänder – der Amokläufer steht nicht allein da. Als eine Facette der Angsterzeugung, als eine Spielart aktuell wirkender, die öffentliche Diskussion bestimmender Grausamkeit gehört er in die Reihe derer, die kulturell Angst erzeugen: Eine Funktion, die für das Selbstverständnis des möglichen Täters bereits wesentlich sein dürfte. Denn da der Amoklauf längst mehr ist als ein Einzelphänomen, vielmehr eine Kette von Ereignissen, so ist seine Analyse nicht mehr individuell zu machen. Vielmehr müssen wir wohl oder übel akzeptieren, dass der Amoklauf eine Erkrankung unserer Kultur darstellt, deren Symptomatik lediglich an einzelnen Personen offen zutage tritt.

Erstaunlich ist, wie eng das Thema gegenwärtig diskutiert wird. Zum Beispiel wird die Frage nach der Rolle von Computerspielen gegenwärtig sehr schnell gestellt, die nach dem Einfluss von Psychopharmaka aber kaum. Dabei spricht einiges dafür, dass diese zumindest keinen kleinen Einfluss auf die Gewaltbereitschaft der Täter haben. Auch haben wir möglicherweise gar nicht mehr Amokläufe als früher – doch erscheinen sie uns schrecklicher und näher liegend. Die falsche Einschätzung der Häufigkeit im Vergleich zu früheren Jahren teilt der Amoklauf dann am Ende mit dem Schrecken aller Eltern, dem Kindsmissbrauch und der Ermordung missbrauchter Kinder. Hier sprechen die Zahlen eine klare Sprache, es gibt davon gegenwärtig nicht mehr als früher, eher sogar etwas weniger.

Inwieweit heute tatsächlich mehr Amokläufe stattfinden, als dies früher der Fall war, kann nicht klar belegt werden. Denn die Definitionen über das, was ein Amoklauf ist, haben sich mehrfach verändert. Gilt für Amokläufe vor den späten 90er-Jahren noch die Definition des »echten« Amok, der sich spontan ereignet, so ist der »moderne Amoklauf« (ich will ihn im Folgenden so nennen) durch vermehrte und mitunter akribische Planung gekennzeichnet. Was diesen, den modernen Amoklauf angeht, so sind die Befunde allerdings schon klarer, geplante Massaker sind eine eher zeitgenössische Erscheinung, und insbesondere die *school shootings* sind es ganz und gar. Auch ist die Verwendung von Schusswaffen in den letzten Jahren offenbar häufiger geworden, was mit dem Planungsphänomen zusammen hängt, denn ein spontaner Amoklauf, bei dem sich der Täter des Brotmessers oder seines Autos bedient, wirft nicht die Frage auf, wie und woher die Waffe denn zu besorgen sei, der Täter nimmt einfach das Nächstliegende, was bei der Hand ist. Anders beim geplanten Massaker, dem durchgespielte Szenarien, Variationen der Beschaffung und – wie wir noch finden werden – Training vorausgehen.

Ein noch unzureichend betrachteter Umstand ist der, dass einige der markantesten Amokläufe in den Vereinigten Staaten und in Deutschland sich in der Zeit ereigneten, in der George W. Bush seinen Kreuzzug gegen die »Achse des Bösen« begonnen hatte. Und wenn ich auch weit davon entfernt bin, den Ex-Präsidenten hier als Killervorbild zu zeichnen – was auch unsinnig wäre, denn es gab in den Vereinigten Staaten bereits zuvor schon spektakuläre Amokläufe; das Massaker von Littleton zum Beispiel war 1999, zwei Jahre, ehe die Ära von Bush jr. begann –, so will ich doch die These in den Raum stellen, das mit diesem Kreuzzug – den Bush ja, wie oft vermerkt wurde, als »einsamer Cowboy« antrat – ein geistiges Klima entstand, das dem weiteren Wachstum der Fantasien von Einzeltätern Vorschub leisten konnte. Denn wovon soll ein geistiges Klima mehr geprägt werden als von den führenden Repräsentanten einer Kultur? Ihr Selbstbild und ihr Handeln gehen als Faktoren in das ein, was wir hier als geistige Linie des modernen Amoklaufs erkennen – eine Linie, auf der die einzelnen Punkte in ihrem Zusammenwirken das bilden, was später auf die Massaker verweist. Keiner dieser Punkte hätte allein diese Wirkung, doch in der Gesamtheit ist die Wirkung eine bahnende.

Man kann wohl sagen, dass, wenn der Amoklauf als Phänomen so etwas wie ein Erdbeben für unsere Kultur darstellt, die Regierungszeit George W. Bushs das Epizentrum dieses Bebens war. Was den unbewussten Hintergrund dieses gesellschaftlichen Bebens angeht, so werden wir in unseren späteren Analysen noch finden, dass Bush diesen nicht begründete oder mitbegründete, sondern vielmehr selbst davon motiviert wurde – womit er allerdings Tätern und potenziellen Tätern eine Bestätigung ihres inneren Bildes vom einsamen Westmann gab, der bewaffnet zur Rache schreitet. Auch werden wir darin feststellen, dass es nicht die Person des einsamen Rächers allein ist, die das Problem darstellt, sondern ihre besondere Aufladung.

Stellt man die Frage nach der geistigen Linie, in der die Amokschützen stehen, so steht diese in Zusammenhang mit der Frage danach, was eine Zeit an Modellen und an Identifikationsfiguren bereitstellt. Wer sind eigentlich die Helden der Thriller der Gegenwart? Es sind interessanterweise immer weniger Polizisten darunter, dafür spielen Psychologen (»*profiler*«) und Pathologinnen die entscheidenden Rollen. Und was ist mit den Tätern? Ganz folgerichtig sind diese in einem wachsenden Maß pathologische Gestalten, denen gleichwohl aber, wie wir in den Analysen zur Rolle der Medien noch finden werden, eine Aura des Verführerischen anhaftet. Und auch dies wirkt auf das Klima ein, das eine Zeit bestimmt, in der Amokläufe zu einem öffentlichen Thema werden. Näher bestimmen werden wir die verführerischen Mörder in Kapitel VII und dann auch noch einmal im Schlusskapitel, wenn der Frage nach den nötigen gesellschaftlichen Veränderungen nachgegangen wird. Hier soll es zunächst genügen, das mediale Wirksamwerden verführerischer Mörder als Merkmal der geistigen Linie zu kennzeichnen, in der der moderne Amoklauf steht.

Es ist ein charakteristisches Merkmal des verführerischen Mörders, dass er sich außerhalb der Moral ortet. Man könnte sogar so weit gehen, seine Position als eine bewusste Gegenposition zu den geltenden moralischen Codes zu sehen – ungefähr so, wie die schwarzen Messen der Satansjünger ja auch keine Eigenständigkeit besitzen, sondern sich als Gegenmodelle zu den christlichen Riten aufgebaut haben. Verstehen wir die Taten der Mörder in einem solchen Kontext, dann wird vor allem ein Phänomen deutlicher, das, so auffällig es ist, bislang zu wenig diskutiert worden ist: die *Feigheit* der Täter.

Denn jene jungen Männer, die Massaker anrichten, tun dies bevorzugt an Orten, an denen mit keiner oder nur sehr wenig Gegenwehr zu rechnen ist: Kindergärten, Schulen, Altenheime, Behinderteneinrichtungen. Gäbe es im Täter einen Hauch von Mut, so würde er sich möglicherweise an einer militärischen Einrichtung versuchen – einem Ort also, wo zurückgeschossen würde. Hier aber wäre seine »Erfolgsquote« vermutlich geringer. Und er würde auch einen Faktor nicht bekommen, den wir in Kapitel III noch als ein Merkmal moderner Varianten der Gewalt untersuchen werden, den kalkulierten Tabubruch.

6. Nur ein paar Kranke?

Überblickt man die Erklärungsversuche, die an den modernen Amoklauf herangetragen werden, so kann man sich des Eindrucks nicht erwehren, es hier mit zwei Schichten zu tun zu haben. Eine ist die leicht zugängliche, in Büchern oder Zeitschriften nachlesbare, in der die Taten im vertrauten psychopathologischen Licht gesehen und als Taten von narzisstisch Gestörten, von Psychopathen oder von Traumatisierten gesehen werden. Und dann gibt es einen Erklärungs-Underground, der sich eher im Internet zeigt, in dem auch zum Beispiel die Möglichkeit erwogen wird, es könne sich bei den Morden um die Folge psychopharmakologischer Medikation handeln. Wir wollen in der Folge weder den Mainstream noch den Untergrund verachten und verschiedene der erwähnten Erklärungsansätze durchspielen. Außerdem werden wir noch Bausteine hinzufügen, die das Bild möglicherweise umfassender werden lassen.

Auffällig ist, dass diejenigen, die sich zum modernen Amoklauf äußern, immer bemüht erscheinen, diesen einigen Irregeleiteten, Kranken zuzuordnen. Mit diesem Bemühen erzeugen sie einerseits Beruhigung. Denn wenn nur einige wenige Verrückte morden, dann kann es sich um kein nennenswertes gesellschaftliches Phänomen handeln. Andererseits – verstörte Narzissten gibt es anderswo auch, Tierquäler ebenfalls und psychopathische junge Männer desgleichen. Aber nicht überall gibt es Amokläufe, und wenn, so nicht in dem Ausmaß, in dem wir sie hier und in den Vereinigten Staaten erleben.

Nachdem sich ein Massaker ereignet hat, finden wir uns in Zeitschriften und im Fernsehen mit Experten und mit psychologisierenden Journalisten konfrontiert, die versuchen, das Geschehen aus der Biografie des Täters heraus zu verstehen. Das hat eine psychologische Tradition, und vor dem Hintergrund dieser Tradition beruhigt es ein wenig. Denn man kann auf diese Weise das Gefühl bekommen, es müsse schon ein beträchtlicher Grad individuellen Gestörtseins vorliegen, um so etwas zu ermöglichen. Genau an dieser Stelle aber führt die Analyse in die Irre.

Wir werden im Folgenden anhand einer Betrachtung der geläufigen psychiatrischen Diagnosen nämlich finden, dass keine von ihnen dem Phänomen »Amoklauf« auch nur annähernd gewachsen ist. Damit soll nicht gesagt sein, dass nicht gelegentlich eine davon hier und eine andere dort ein wenig zutreffen. Vielmehr ist gemeint, dass allein die Vielfalt der Diagnosen (die allesamt geläufige Diagnosen sind, während uns der moderne Amoklauf noch keineswegs geläufig ist) die Hilflosigkeit der Diagnostiker spiegelt. Denn würden wir nicht auch dort, wo angesichts einer mehrfach aufgetretenen Körpererkrankung über zehn verschiedene Diagnosen gestellt würden, annehmen müssen, hier wisse anscheinend niemand wirklich, was los ist?

Und doch – ist es nicht notwendig, zumindest den Versuch einer Diagnose zu unternehmen, um so womöglich irgendwann zu prophylaktischen Ansätzen zu gelangen? Gewiss. Betrachten wir hier daher im folgenden Kapitel einmal die klinischen Entwürfe, die im Zusammenhang mit modernem Amoklauf diskutiert wurden und untersuchen wir sie auf ihre Verwendbarkeit hin.

II. Sinn und Unsinn der psychiatrischen Diagnostik

1. Die Vielfalt der Diagnosen

a) Psychopathie

Der Begriff »Psychopathie« hat allerhand Wandlungen erfahren. War er ursprünglich einmal gleichbedeutend mit »geis-
teskrank« oder »mental gestört«, so meint er heute eine charakteristische Verbindung von Merkmalen, die einen sowohl
gefährlichen als auch einnehmenden Menschentypus formen.

Psychopathen, wie wir sie heute verstehen, sind dadurch
gekennzeichnet, dass sie eine extreme Selbstbezogenheit mit
der Fähigkeit verbinden, Einfühlung und Sensibilität zu zeigen.
Doch sind diese Einfühlung und die Sensibilität für andere nicht
echt, sie sind vielmehr die Folge genauester Fremdbeobachtung
und strategischer Planung. Echte Empathie, d.h. echte Einfühlung in die Emotionen von Mitmenschen, würden wir nach
heutiger Definition von einem Psychopathen nicht nur nicht erwarten, sondern er wäre einfach keiner mehr, wenn er wirklich
mitfühlen würde. Gerade seine extreme Selbstbezogenheit, sein
Narzissmus, hindern ihn ja hieran. Den strategischen Einsatz *gespielten* Einfühlungsvermögens nutzt er allerdings geschickt für
sich aus.

Psychopathen sind neben der Verbindung der genannten
Züge durch ein ungewöhnlich dichtes Verhältnis zur Gewalt
gekennzeichnet. Aggression zu kontrollieren scheint ihnen oft
unmöglich zu sein, was dazu führt, dass extreme Ausbrüche von
Wut und Gewalt schon bei ganz nichtigen Anlässen möglich
sind. Im Unterschied zu einem Menschen, der über eine intakte
Moral verfügte, tut ihnen das danach aber keineswegs leid, da
sie – und dies ist wohl der heikelste Aspekt von Psychopathie –
über kein Gut/Böse-Schema verfügen und sich also jenseits aller
Moral verorten. Die einzige Moral eines Psychopathen wäre die,
stets an dem orientiert zu sein, was seinem eigenen Wohl dient.

Und hierbei die Menschen, mit denen er in Kontakt kommt, charmant und bösartig zu benutzen.

Überträgt man dies (wie gesagt noch junge) Profil auf Amokläufer, dann klingt manches überzeugend. Amoralisch könnten sie sein, frei von Empathie sind sie, jedenfalls zum Zeitpunkt der Tat, ohne Frage. Andererseits bleiben Fragen offen. Psychopathie und Suizid zum Beispiel – passt das? Und wenn wirklich Psychopathen so charmante Burschen sind – wie kommt es dann, dass die modernen Amokläufer den Nimbus des sozialen Versagers mit sich tragen? Endlich bekommt man, sichtet man kriminologische Daten und Befunde, den Eindruck, dass die Psychopathie gegenwärtig für vieles herhalten muss. So wurde etwa auch der belgische Mörder und Quäler Marc Dutroux als Psychopath eingeordnet – wobei hier die Diagnose tatsächlich fundierter erscheint als bei den Amokmördern. Selbst wenn einige Züge mancher Amokläufer dem Bild eines Psychopathen nahe kommen (aber einigen anderen klinischen Bildern leider auch, wie wir noch finden werden), so ist die Feststellung, es handle sich bei modernen Amokläufern um Psychopathen, eine Diagnose, die in ihrer Vagheit und geringen Anwendbarkeit auf tönernen Füßen steht.

b) Traumatisierung

Vereinzelt ist vermutet worden, moderne Amokläufer seien vor allem traumatisierte Jugendliche. Hierfür spräche zunächst einmal die häufig bestätigte Erkenntnis, dass extremere Gewalttäter im Allgemeinen selbst Gewalt erlitten haben. Freilich ist hier der Befund auch schon erschöpft, denn die Brücke zum Amoklauf will nicht recht tragen. Dass ein durch Gewalt traumatisierter Mensch seine Erfahrung in sich selbst nicht zu halten und zu verarbeiten vermag und selbst zum Täter wird, das kenne ich von vielen Männern und – mitunter – Frauen. Bei vielen klassischen Schlägern ist es so, dass eine alte Demütigung wieder und wieder aktiv wird, woraus der Gewaltakt als ein Versuch der Abwehr erwächst. Aber Amok?

Traumatisierte Menschen werden oft von den erlittenen Traumata verfolgt und etwa in Albträumen oder Flashbacks eingeholt. Wer Menschen kennt, die auf solche Art leiden, der wird tiefes Mitgefühl empfinden und dabei ahnen, dass diese Art zu leiden etwas ist, was die Geschichte der Menschheit auf grausame Weise bezeichnet. Und gerade in den extremeren Ausprägungen, etwa bei Folteropfern, stellt sich Entsetzen ein. Deshalb erscheint es erstaunlich, dass die intensivere klinische Bearbeitung von Traumata erst in den letzten anderthalb Jahrzehnten auf eine Weise stattgefunden hat, die zufriedenstellende Ergebnisse bringt.

Jedoch – wie überträgt man nun das Thema »Trauma« auf moderne Amokläufer? Soll es uns hier wirklich zufriedenstellen zu hören, diese hätten Gewalt und Demütigung erlitten? In einigen Fällen ist dies unzweifelhaft so, aber es erklärt keinen Amoklauf. Und in anderen Fällen ist es eben auch nachgewiesenermaßen *nicht* so, dass die Täter selbst Opfer gewesen waren. Hätte man nicht auch erwarten müssen, dass etwa Folteropfer aus Diktaturen oder Menschen, die von Kriegen traumatisiert unter uns leben, als Amokläufer hätten auffällig werden müssen? Doch dies ist nicht der Fall. Wie man es auch drehen mag, die Übertragung des klinisch gegenwärtig vielfach diskutierten Themas »Trauma« auf Amokläufer wirkt überkonstruiert und hilflos zugleich und hilft uns bei der Bewältigung des Themas nicht weiter.

c) Eine Borderline-Störung?

Eine im Zusammenhang mit Amokläufen häufig benannte Diagnose ist die Borderline-Störung. Ihre Kennzeichen bestehen im Schwanken zwischen sehr extremen Gefühlen, in mangelhafter Identitätswahrnehmung sowie der Unfähigkeit, ein konstantes Selbstbild aufrechtzuerhalten.

Wer die klinische Welt etwas kennt, weiß, dass die Diagnose »Borderline« in den letzten zehn Jahren größere Bedeutung entfaltete als in den Jahren zuvor. Da eine Identität auszubilden Konstanzen erfordert, unsere Lebensumstände aber loser und beliebiger werden, so wurde argumentiert, muss die Borderline-Störung zwangsläufig häufiger werden. Da ist ohne Frage etwas dran. Allerdings – gibt uns dies einen Hinweis auf die Entstehung von Amokläufen? Borderline-Therapien sind häufiger und differenzierter geworden, es gibt Selbsthilfeansätze und breiteres Wissen. Aber nichts davon erklärt uns die Brücke von der Borderline-Störung zur Bereitschaft, Amokläufe zu verüben. Und daher erscheint auch diese mögliche Diagnose reichlich konstruiert.

Immerhin könnten zwei Faktoren das Puzzle, zu dem der moderne Amoklauf uns nötigt, hilfreich ergänzen. Das Schwanken zwischen extremen Gefühlen beinhaltet ohne Frage auch Hass – doch setzt der moderne Amoklauf, der ja, wie wir fanden, gewöhnlich gut geplant worden ist, eine *überdauernde* Verfinsterung voraus. Schwankungen fänden wir mutmaßlich eher bei jenen Amokläufen, deren Zustandekommen scheinbar spontan erfolgt; also bei jenen, für die der Begriff »Amok laufen« ursprünglich stand.

Was die Unfähigkeit zu einem konstanten Selbstbild angeht, so könnte dies die Basis für eine künstliche Selbstbebilderung darstellen, in die sich moderne Mythen dann leicht integrieren. Hier allerdings wäre es wohl verfehlt, davon auszugehen, dass nur dem Amokläufer das konstante Selbstbild fehlt. Dies fehlen zu lassen ist ja sogar das Ziel einiger Auswüchse der kapitalistischen Kultur, die dazu anregt, sich beständig neu zu erfinden, in Parallelwelten zu existieren und die Suggestion von Identität an äußere Merkmale zu knüpfen, Markentreue zum Beispiel. Daher könnte man wohl vorsichtig formulieren, dass im Amokläufer gesteigerte Merkmale einer Kultur wirksam sind, die als Ganze von Borderline-Elementen durchzogen ist.

d) Pathologischer Narzissmus?

Eine der Borderline-Problematik verwandte Störung ist die so genannte »narzisstische Persönlichkeitsstörung«. Wer die aktuellen Modelle zum Thema »Amoklauf« durchsieht, der stößt in der Tat häufig auf die Idee des pathologischen Narzissmus (zum Beispiel bei Heubrock et al. 2005). Bei dieser Störung wird ein fantasiertes Größen-Selbst an die Stelle echter Identitätswahrnehmung gesetzt. Da nun dies Größen-Selbst als Fantasie mit Realitätsanspruch entsprechend fragil ist, so muss es durch drastische Maßnahmen gewissermaßen geschützt werden.

.

Es fällt tatsächlich nicht schwer, hier einen Amokschützen zu imaginieren, der mit der Waffe in der Hand sein fantasiertes Größen-Selbst verteidigt, um dann den drohenden Einbruch der Realität durch die Selbsttötung zu verhindern. Auch könnte es einen Bezug zum so genannten »Malignen Narzissmus« geben. Dieser stellt so etwas wie eine Spielart der narzisstischen Persönlichkeitsstörung dar, die Otto Kernberg in den 90er-Jahren näher bestimmte. Einige Merkmale des »Malignen Narzissmus« sind anscheinend charakteristisch für Amokläufer: Da gibt es eine Neigung zur Gewalt fernab jeder Schuldempfindung sowie die Tendenz zum Selbstausdruck durch Machtausübung, Unfähigkeit zum Mitempfinden und Coolness auch angesichts des Entsetzlichen.

Hier allerdings ist nun kurzes Nachdenken angebracht. Maligner Narzissmus wird meist jenen Tätern attestiert, die durch wiederholte und extreme Gewalt auffallen, sowie dabei einen Hang zur Grausamkeit erkennen lassen. So weit können wir bei Amokläufern diagnostisch nur in Einzelfällen gehen, dort nämlich, wo die Täter schon zuvor durch Rohheit und Grausamkeit auffielen.

Was allerdings die Idee der narzisstischen Störung insgesamt angeht, so spricht vieles für ihre Teil-Richtigkeit, aber dies genügt nicht als Erklärung für die Massaker. Denn ebenso wie die Borderline-Störung, so teilen die Täter auch die Narzissmus-Diagnose mit vielen, allzu vielen anderen Menschen, die gewiss schwierig sind und behandlungsbedürftig, aber eben keine Amokschützen. Darüber hinaus sind narzisstische Spielformen ein derart beherrschendes Kulturphänomen, dass ihre Umwandlung zur Einzeldiagnose gegenwärtig immer schwieriger wird. In späteren Absätzen dieses Buchs werden wir noch finden, dass die genannten Diagnosen sogar in den kulturellen Eliten erscheinen – ein Umstand, der freilich eher eine Gesellschaftsdiagnose darstellt, als dass er der besseren Erkenntnis der Motive von Einzeltätern diente. Und so ist, wie wir später in Kapitel IV. noch finden werden, Narzissmus in extremer Form zwar ein wesentliches Merkmal des Amoklaufs. Doch wird die Ausprägung, die er hier erfährt, nur durch einen hinzugenommenen gesellschaftlichen Blickwinkel erklärbar, bei dem die Amokläufer hinsichtlich ihrer Charakteristika mit anderen Teilen der Bevölkerung abgeglichen werden.

e) Das Serotonin?

Die Frage, inwieweit hirnorganische Veränderungen die Tatbereitschaft in einem möglichen Täter fördern, ist strittig. Die hier wesentlichste Hypothese geht gegenwärtig von einem gestörten Serotonin-Haushalt aus. Serotonin gehört zu den wichtigsten Botenstoffen im Gehirn und bildet dort ein eigenes – eben das serotonerge – System. Die Rolle der Botenstoffe bei psychischen Erkrankungen wird seit dem Erstarken der so genannten »biologischen Psychiatrie« vermehrt untersucht und hat zu einigen Konzeptbildungen beigetragen. Doch haftet den meisten dieser Konzeptbildungen etwas Unbefriedigendes an, da immer die Frage im Raum bleibt, wieso denn zum Beispiel das Serotonin gerade hier und heute zu solchen schlimmen Entwicklungen führen soll, wenn es das doch vorher nicht oder kaum getan hat.

Hypothesen zur hirnorganischen Bedingtheit von schweren Störungen zu bilden ist verführerisch, denn es liegt im Trend der Zeit. Allerdings kommen dabei gewöhnlich schnell Banalisierungen heraus, sodass die Thesen nicht weit tragen. Dies ist auch bei der Serotonin-Hypothese so, denn sie ist in erster Linie vollkommen unspezifisch. Ein Mangel an Serotonin wird nämlich für *diverse* Leiden verantwortlich gemacht, unter anderem auch für Angststörungen und Depressionen, so dass die Annahme, ein Serotoninmangel triggere nun auch Amokläufe, als allzu grob und trivial angesehen werden darf. Sie besagt nämlich bloß, dass der Täter psychische Probleme hat – eine Annahme, der wir leicht zustimmen werden, ohne dass sie allerdings irgendetwas erklärt.

f) Psychose

Wer nach dem Massaker von Winnenden im deutschen Blätterwald nach Diagnosen spähte, dem konnte eines auffallen: Es schien, stärker als nach früheren Amokläufen, das Bedürfnis zu bestehen, dem Täter eine zumindest mögliche und vielleicht auch vertraute psychiatrische Diagnose zuzuordnen. So war unter anderem von einer Psychose im Prodromalstadium sowie von einer Schizophrenie bei abgesetzten Medikamenten die Rede. Was ist hiervon zu halten?

Psychosen gelten als gefährlich, sind es aber nicht in überdurchschnittlicher Weise. Zwar werden mitunter Anschläge bekannt, bei denen psychotische Phänomene eine Rolle spielen; das Attentat auf Oskar Lafontaine gehörte dazu. Doch generell gilt der Satz, den der Psychopathologe Hans Müller-Fahlbusch einmal sagte: Wer sich frage, ob Psychotiker denn wohl gefährlich seien, solle sich fragen, ob Menschen denn wohl gefährlich seien.

Ich habe selbst viel mit akuten Psychosen gearbeitet und würde aus diesen Erfahrungen heraus dem Satz von Müller-Fahlbusch zustimmen. Gewaltbereitschaft geht in Psychosen meist mit Wahnthemen einher, die diese Bereitschaft fördern; in der Regel handelt es sich dabei um paranoide Wahne. Nichts deutet bis heute darauf hin, dass paranoide Wahngebilde in modernen Amokläufern wirksam sind, und so kann man vermuten, dass die Idee, hinter Amokläufen lauerten Psychosen (oder umgekehrt: In jeder Psychose lauere der Amoklauf), eher zu dem zu rechnen ist, was man »Hilflosigkeitsdiagnostik« nennen könnte.

Hilflosigkeitsdiagnosen sind verständlich, denn diagnostische Ohnmacht einzugestehen bedeutet, vermehrte Spannung aushalten zu müssen, und das tut niemand gern. Doch führt vorschnelle Reduktion von Spannung meist zu einer erhöhten Fehlerquote, und so ist das, was Spannung vorschnell reduziert, wenig hilfreich. Die Psychose-Diagnose gehört mit einiger Sicherheit in den Kanon solcher Maßnahmen, denn neben der Tatsache, dass für gewaltbereit stimmende Wahne bei den Tätern nichts spricht, bilden Psychosen ausgeprägte Anormalitäten aus. Wohingegen bei den Tätern gerade ihre Normalitätsnähe besonders erschreckt. Ein gewichtiger Einwand gegen die Assoziation von Amoklauf und Psychose ist überdies, dass hiermit alte Stereotype wieder aufgewärmt werden, die aus dem Weg zu räumen viel Arbeit gemacht hat, und die neu zu beleben nicht von therapeutischer Weitsicht zeugt.

g) Depression

Nicht nur von Psychosen, auch von Depressionen war die Rede. Könnte nicht im Amokläufer ein geheimer Depressiver verborgen sein, dessen Weltverneinung sich in seinem grausamen Wüten Bahn bricht?

Was diese Hypothese angeht, so können wir aus der klinischen Erfahrung leicht antworten: Wer immer depressive Menschen kennt, weiß, dass sie zu Massakern nicht im Mindesten neigen – wenn es zu Tötungsversuchen kommt, dann handelt es sich um Suizide, und zwar ohne vorherige Massenmorde. Und doch gibt es Hinweise darauf, dass Amoktäter zumindest eine depressive Teilsymptomatik zeigen, die in Enttäuschung, einer Neigung zum Entwerten sowie in der Wahrnehmung einer ausweglosen Lebenslage besteht. Anders jedoch als bei den Patienten, die jeder Psychotherapeut als »depressiv« kennt, kommt hier ein hochaggressives Element hinzu sowie eine erkennbare Suizidalität, die sich mit hoher Zerstörungslust paart. Ein Teil hiervon ist wiederum bekannt. Männliche Selbsttöter neigen signifikant mehr dazu, ihren Körper im Suizid kaputt zu machen (durch Schusswaffen, Messer, Autounfälle oder Sprünge aus dem Fenster), während Frauen körpererhaltende Suizide bevorzugen, etwa mithilfe von Schlafmitteln.

Einerseits also gibt es einen Hinweis auf männlich charakterisierbare Suizidalität mit Zerstörungswut, andererseits depressive Symptome, die sich ganz untypischerweise mit aggressiven Symptomen kreuzen. Normalerweise würden wir das Hochkommen von zuvor verborgener Aggression bei einem depressiven Patienten als ein Merkmal der Besserung ansehen, doch das ist uns hier verwehrt. Insofern passt die Diagnose »Depression« also in keiner Weise, und es handelt sich auch hier wohl um einen doch eher hilflosen, wenngleich begreiflichen Diagnoseversuch mit den vertrauten Mitteln. Allerdings geleitet er uns zu einer anschließenden Fragestellung, die jedoch weniger mit der klinischen Diagnose, als mit der verabreichten Medikation zu tun hat.

Zu untersuchen wäre nämlich hinsichtlich des Amoklaufs noch die Rolle einer bestimmten Medikamentenform, der »selektiven Serotonin-Wiederaufnahmehemmer«, zu denen das Fluoxetin gehört, das sehr häufig gerade bei Depressionen verabreicht wird (aber nicht nur dort) und von einigen Fachleuten als »kosmetisches Psychopharmakon« beschrieben wurde. Sein Einfluss auf eine mögliche Gewaltneigung wird in Studien zwar verneint. Wer aber im Internet forschen geht, der findet, dass überraschend oft angenommen wird, dieser Stoff und seine Artverwandten lege die Tendenz zu Tötungsdelikten nahe. Um dies Missverhältnis zwischen Annahmen und Studien näher in Augenschein zu nehmen, widmen wir dem Thema eine eigene Passage.

2. Die unklare Rolle der Psychopharmaka

Eher abwiegelnd wurde bisher im klinischen Diskurs der Frage nach der Rolle von Psychopharmaka im Zusammenhang mit Amokläufen nachgegangen. Unstrittig ist aber, dass viele Amokschützen zumindest phasenweise Medikamente bekamen. Einige – der Haupttäter von Columbine zum Beispiel – standen bei der Tat noch unter Medikamenteneinfluss.

Dass hierzu bisher keine näheren Untersuchungen vorliegen, ist ein bisschen eigentümlich, wird aber aufgrund der mangelhaften Datenlage leicht erklärlich. Ob man der Interessenlage der beteiligten Firmen irgendwann eine Teilschuld wird anlasten müssen, dies sei dahingestellt. Doch müsste auch nur der leiseste Verdacht in Richtung auf eine Beteiligung psychopharmakologischer Präparate natürlich unabhängige Untersuchungen nach sich ziehen.

Möglicherweise ergeben sich aus dem Einbezug pharmakologischer Wirkungen in unser Mosaik vom Amoklauf neue Sichtweisen. Untersucht man nämlich beispielsweise die Nebenwirkungen, die im Zusammenhang mit den oben erwähnten selektiven Serotonin-Wiederaufnahmehemmern benannt werden, dann kann man an zweien hängen bleiben. Eine ist die Steigerung des Aktivitätsgrades, also das, was man klinisch eine »antriebssteigernde Wirkung« nennt. Sodann gibt es aber auch gehäuft Störungen im Sexualbereich. Würde man nun der Diagnoseneigung selbst erliegen und konstruierte einen weiteren möglichen Wirkzusammenhang, könnte man nicht zum Beispiel auf die Idee kommen, bei potenziellen Selbstmordattentätern liege eine sexuelle Problematik bei gleichzeitiger Antriebssteigerung vor? Und es sei die daraus resultierende Frustration, die sich im Amoklauf Bahn breche?

Wer jetzt beim Lesen ein Lächeln auf seinem Gesicht fühlt, ist dem Unsinnsaspekt der Diagnostik hinsichtlich des Amoklaufs ein Stück näher gekommen. Und doch – nichts lässt sich einfach verwerfen, ohne dass es nicht zwingende Gegenargumente gäbe. Die Not ist ja groß und das Expertentum klein, und so sind kreative Entwürfe immer besser als gar keine – und vermutlich immer noch besser, als dass wir alte und offensichtlich unpassende Diagnosen einem Phänomen überstülpen, das ganz offenbar eine eigene Entwicklung genommen hat. Und zwar eine, die so nicht vorhergesehen wurde, auch wenn der eine oder andere ältere Ansatz hier noch einmal eigentümlich zu passen scheint.

3. Ist Mobbing eine Erklärung?

Mitunter gibt es Diskussionen, inwieweit es sich insbesondere bei jugendlichen Amokläufern nicht um Mobbing-Opfer handeln könnte. Mithilfe dieser Idee wird versucht, den so ungeheuren Hass der Mörder auf ihre Schulkameraden durch Schikanen und Entwertung zu begründen. Nun sind die Täter ganz gewiss keine *jocks* (sportlich erfolgreiche Jugendliche), sondern eher das, was man *nerds* nennt, also tendenziell Außenseiter, wobei ein *nerd* vieles sein kann, ein begabter Filmfreak ebenso wie ein dick-bebrillter und unsportlicher Streber, den niemand mag.

Auch der Begriff »Mobbing« ist für eine ganze Vielzahl von Verhaltensformen im Gebrauch, wobei die Palette von gelegentlichem Spott über unattraktive Kleidung und kleine Hänseleien auf dem Pausenhof bis hin zu jener wiederkehrenden Einschüchterung mit Gewaltandrohung seitens Stärkerer, die Mobbing eigentlich meint, reicht. Das Problem, das so entstand, gleicht jenem, das es in den 90er-Jahren mit dem Begriff »sexueller Missbrauch« gab. Benutzt man die Begriffe allerorten, so fallen die wirklich schlimmen Fälle angesichts der allgemeinen Verdachtswoge oft der Nicht-Beachtung anheim.

Nun unterliegt es kaum einem Zweifel, dass manche moderne Amokläufer zuvor eher am Rand standen und den begehrten Gruppen ihrer Schule oder ihres Bezirks nicht angehörten. Dies erklärt sich gewiss zu einem Teil aus ihren Eigenheiten – wer viele Stunden fasziniert auf einem Bildschirm Leute tötet, der kann sozial gar nicht gut vernetzt sein. Zum anderen Teil sind mögliche Täter unter Umständen aber auch von vornherein nicht daran interessiert, den begehrenswerten Gruppen anzugehören. Als charakteristische *nerds*, deren Interesse an Waffen und Gewaltfantasien nur von wenigen geteilt wird, sind sie naturgemäß wenig gruppenkompatibel. Dies aber als Mobbing zu definieren und daraus eine Erklärung für Amokläufe zu schustern, wäre grob fahrlässig. Zudem müssten wir uns fragen, warum Länder, die für ihre Hierarchiebildungen in Schulen bekannt sind (Frankreich zum Beispiel), mit dem modernen Amoklauf wenig bis gar nichts zu tun haben.

Es ist möglicherweise doch eher so, dass das Thema »Mobbing« parallel zur Entwicklung des modernen Amoklaufs ins öffentliche Interesse rückte. Auch gibt es eine verständliche Bereitschaft, im Mörder noch das Gute wahrzunehmen, sowie die schlimmen Faktoren, die ihn haben entarten lassen. Wir müssen allerdings annehmen, dass diese ehrenwerte Haltung im Fall des modernen Amoklaufs an eine Leckstelle geraten ist, an der sie nicht mehr hinreicht.

4. Herostratentum

Herostraten sind öffentliche Zerstörer, die von Ruhmsucht angetrieben werden. Ihr Name geht auf den Tempel-Attentäter Herostratos zurück, der im antiken Ephesos versucht hatte, Feuer an das Heiligtum zu legen. Trotz des ausgesprochenen Verbots, seinen Namen künftig zu nennen (»*damnatio memoriae*«), ist Herostratos uns seit dem 4. Jahrhundert vor Christus doch bekannt geblieben.

In der modernen Welt kennt man Herostraten vor allem im Zusammenhang mit Attentaten auf Kunstschätze, in erster Linie auf berühmte Bilder in den Museen der Welt, auf die in einigen Fällen mit Säure oder Messern losgegangen wurde. Gegenwärtig nun wird verschiedentlich versucht, das Bild vom Herostraten auch auf den modernen Amoklauf anzuwenden. Dabei aber gibt es einige Schwierigkeiten.

Denn so gewiss es ist, dass moderne Amokläufer ruhm- und aufmerksamkeitsheischend agieren (indem sie etwa ihre Taten übers Internet ankündigen, aufwendige Inszenierung betreiben und sich dabei an Vorbildern orientieren, die entweder aus Filmen, oder aber von anderen Massakern her stammen; Vorbildern also, die für die Aufmerksamkeit stehen, die sie für sich selbst erhoffen), so heikel wird die Verbindungslinie da, wo an die Stelle der Schändung öffentlicher Heiligtümer und Kulturschätze lebende Menschen treten.

Die Argumentationslinie (vertreten etwa von dem Kriminalpsychiater Reinhard Haller) verläuft hier folgendermaßen: Zunächst ist ein Herostrat ein frustrierter Mensch, der sich vom Leben benachteiligt sieht. Sodann wird er von einem hochgezüchteten Narzissmus angetrieben, der auch mit erlittenen Kränkungen in Zusammenhang stehen kann. Er ist zur Empathie wenig fähig, dagegen mit Wut aufgeladen und ganz an sich selbst orientiert, wobei im Zentrum seiner Aufmerksamkeit – hier die einzige wirkliche Verbindungslinie zum Herostratentum – die Ruhmsucht steht.

So weit, so flach. Denn wenn wir diese Charakteristika auch unzweifelhaft bei vielen Amokschützen finden werden, so erklären sie doch nicht den Übergang vom Zerstören von Kunstwerken zum Massenmord, zumal der Kunstbetrieb heute eine Aufmerksamkeit genießt, die hier Attentate durchaus nachvollziehbar machen würde. Und wie verhält es sich mit dem geplanten Suizid? Der antike Herostratos wurde gefoltert, aber eingeplant hatte er das sicher nicht. Und moderne Museumsattentäter werden zwar in Gefängnis oder Psychiatrie verwahrt, aber eine Bedrohung ihres Lebens droht ihnen kaum. Viel eher dürften sie auf ein heimliches Wohlwollen derer rechnen, die ohnehin meinen, dass viel zu viel Geld in Kunst und Museen investiert wird, das anderswo besser aufgehoben wäre. Sodass es als abseitige Idee erscheinen muss, Amokläufer mit Herostraten gleichzusetzen. Wir werden gleichwohl auf das Herostratentum später noch einmal kurz zurückkommen müssen, wenn wir uns nämlich mit der hypenden Funktion der Medien befassen.

5. Sadismus und Nekrophilie

Als die spanischen Faschisten im Jahr 1936 an der Universität von Salamanca tagten, da rief einer ihrer Generäle eine Formel aus, die auch die eines modernen Amokläufers sein könnte: »Viva la muerte!« – Es lebe der Tod. Der Schriftsteller Miguel de Unamuno beschimpfte den General darauf auf das Heftigste und bezeichnete seine Haltung als etwas, was bisher der Lust am sexuellen Verkehr mit Leichen zugeordnet war: »Nekrophilie«. Erich Fromm hat diesen Begriff später in seinen psychoanalytischen Erläuterungen zur menschlichen Destruktivität mit dem Sadismus in Zusammenhang gebracht und kam zu Befunden, die im Fall des modernen Amoklaufs ihre Gültigkeit haben könnten.

Fromm ist mit seinen Entwürfen gegenwärtig nahezu vergessen – vielleicht, weil in seinen Schriften der gesellschaftskritische Aspekt so klar hervortritt. Betrachtet man seine Ausführungen zu Nekrophilie und Sadismus, mit denen er seinerzeit Himmlers (Sadismus) und Hitlers (Nekrophilie) Untaten zu erklären suchte, so bekommt man den Eindruck, dass sie etwas zu Unrecht so aus dem klinischen Bewusstsein verschwanden.

Den Sadismus kann man umschreiben als das abnorme Bedürfnis nach Macht über andere. Ein Bedürfnis, das dann im Quälen, im Demütigen und im Töten seinen Ausdruck findet. Oft lassen ausgeprägt sadistische Menschen schon als Kinder die Lust erkennen, Tiere zu quälen. Der Unterschied zu dem, was man hier noch als normal betrachten kann (viele Kinder fügen zum Beispiel Insekten Schaden zu, wenn man sie lässt), liegt darin, dass die sadistische Neigung eher Tiere erwählt, bei denen man Schmerzäußerungen wahrnehmen kann, also höhere Tiere. Zumindest in einzelnen Fällen ließ sich dies rückwirkend bei Amokläufern nachweisen.

Keineswegs aber bei allen, und noch nicht einmal bei den meisten. Andersherum findet sich die sadistische Lust am Quälen durchaus auch in Zonen, in denen bürgerliche Wohlanständigkeit nicht weit ist. Ja, mitunter findet – oder fand – sich die Neigung zum Quälen ausgerechnet inmitten der Kultur. So war Marcel Proust bekannt dafür, dass er Ratten in Käfigen misshandelte.

Oft ist in einer Gemeinde bekannt, dass ein betreffender Mensch gelegentlich Tiere quält, ohne dass aber irgendwer einschritte. Dies kann einen Menschen in der Folge so weit bringen, dass er sich immer andere, größere Opfer sucht. So war beim Polizistenmörder von Höxter lange zuvor bekannt gewesen, dass er Tiere misshandelte. Allerdings wurde er in seiner Wehrdienstzeit von seinem Vorgesetzten auch als guter Soldat betrachtet. (Am Rand: Der Anteil von Soldaten an Amokläufern wird in einer Untersuchung von Schmidtke und Kollegen auf 26 % (!) beziffert.) Sodass also ein Zusammenhang zwischen frühem Sadismus und der Neigung zu späteren Gewaltverbrechen sehr naheliegend ist, ohne dass damit aber gleich der Amoklauf gemeint sein müsste.

Sadismus ist in Fromms Augen eine triebhafte Ausrichtung betont schwacher Menschen, die sich mit Stärke aufzuladen suchen, indem sie andere erniedrigen und zerstören. Dabei entwickeln sie eine kultische Anbetung alles Starken, der ein verächtliches Betrachten schwacher Strukturen gegenübersteht. Wer moderne Amokläufe betrachtet, der wird finden, dass dies einige der Täter recht gut beschreibt, insbesondere einen der beiden Mörder von Columbine. Freilich wird dies allein nicht genügen, um Amokläufe zu erklären. Immerhin aber scheinen Modelle wie dieses kein wirkliches Verfallsdatum zu besitzen, oder, anders gesagt, sie scheinen mitunter Zeiten zu haben, in denen sie zu neuer Aktualität gelangen.

Deutlicher wird diese Aktualität noch bei der Nekrophilie, wie Fromm sie versteht. Sie nämlich lässt sich begreifen als grundsätzlicher Hass auf alles Lebendige, Regsame, und aktualisiert sich in der Tendenz zum Töten und Zerstückeln sowie zur Lust am Verwesenden, Massakrierten, Kaputtgemachten. Das sind nun ohne Frage Neigungen, wie man sie im Hintergrund des modernen Amoklaufs annehmen kann – allerdings nicht nur dort. Denn auch Filme wie die *splatter-* oder die *gore-movies* befriedigen ja eine solche Lust, sodass man fragen kann, ob Fromms Befund, nach dem etwa zehn Prozent der Bevölkerung tendenziell nekrophil seien (der Befund stammt aus den 70er-Jahren), nicht nach wie vor Gültigkeit, ja, womöglich sogar eine gesteigerte Bedeutung erlangt hätte. Freilich streift hier das Modell die Grenzen der Beliebigkeit, denn wenn eine Pathologie so weit streut, dann erhebt sich die Frage, wie denn Einzelne sich in ihrer Symptombildung noch einmal derart zu steigern vermögen, wie wir es im Fall des modernen Amoklaufs erleben.

Sadismus und Nekrophilie entsprechen bei Fromm gleichermaßen triebhaften Verirrungen angesichts ungelebten Lebens. So nimmt es nicht wunder, dass Fromm den Sadismus insbesondere bei einer gesellschaftlichen Gruppe findet, deren Ausdrucksmöglichkeiten ihm ungewöhnlich behindert erscheinen – beim Kleinbürgertum, das er zwischen Proletariat und Großbürgertum ansiedelt. Hier nun wird die Anwendbarkeit von Fromms Modell für uns vollends fadenscheinig, denn unsere modernen gesellschaftlichen Strukturen machen es schwer, diese alten Schichten wiederzufinden.

Generell kranken Modelle wie die von Sadismus und Nekrophilie daran, dass sie die Frage nach ihrem Entstehen offen lassen. Fromm selbst gelangte nur zu sehr vagen Vermutungen, als er annahm, ein nekrophiler Charakter sei entweder genetisch bedingt, beruhe auf Frustration von Lebensbedürfnissen oder folge auf den Kontakt mit einer gleichfalls nekrophilen Mutter. Man erkennt hier unschwer dasselbe Dilemma wie im Fall der Psychopathie, bei der ja gleichfalls offen bleiben muss, ob ein Mensch mit einem Defekt dieser Art bereits auf die Welt kommt, oder ob dieser Defekt erst entsteht. So ist der Wert, der in diesen Modellen liegt, wohl in erster Linie ein beschreibender. Dieser allerdings ist nicht gering, auch wenn die entscheidende Frage für uns unbeantwortet bleibt: Wieso nämlich Menschen, die ihre hässlichen Neigungen normalerweise in Tierquälereien ausleben oder sich Strukturen suchen, die ihnen die Bosheit erlauben, plötzlich im Sammelbecken moderner Amokläufer zusammenfinden.

6. Die sexuelle Problematik

Wie ist es eigentlich mit der Sexualität? Tatsächlich ist im Zusammenhang mit Amokläufern seltsam wenig von ihr die Rede, was möglicherweise an der geistigen Kultur liegt, in der wir gegenwärtig leben. Doch in den Augen des amerikanischen Psychologen David Buss ist an Tötungen grundsätzlich ein sexueller Faktor beteiligt. Insbesondere Männer töten nach Buss vor allem, um Frauen zu gewinnen oder zu beeindrucken. Andererseits: Dass ein Mensch aufgrund sexueller Nöte zum Täter werden kann, das scheint doch vom Tisch, nicht wahr? Sexuell erleben wir uns befreit – also bitte, wo soll das Problem sein?

Und doch – wer so argumentiert, der nimmt vermutlich das Ausmaß, das sexuelle Nöte im jungen Erwachsenenalter haben können (die Mehrzahl der Täter, wenngleich nicht alle, sind jung), nicht ernst. Und ignoriert zugleich, dass eine gut gelebte Sexualität einen wirksamen Schutz vor Massakern wie dem Amoklauf darstellt, da Sexualität prinzipiell auf der Seite des Lebens steht und uns auf diese zieht, während im Täter eher jene Freude aktiv zu sein scheint, die Erich Fromm als nekrophil bestimmte. Nekrophilie, die Lust am Toten und Zerfallenden, bewog nach Fromm ja zum Beispiel Hitler zu seinem Tun. Niemand aber bekommt bei Hitler die Assoziation einer erfüllten Sexualität.

Nun braucht es wohl nicht eigens erwähnt zu werden, dass ein sexuell zufriedener Mensch eine geringere Tendenz haben wird, sich und andere auszulöschen. Die Richtung seiner befriedigten Triebe nimmt ihn ja vom Nekrophilen weg – und wenn er sich auch mitunter prügeln mag, so ist eine Massakertendenz bei einem befriedigten jungen Mann eine ganz und gar irrige Vorstellung. Dass nun die Täter mit Mädchen meist Schwierigkeiten haben, das lässt sich aus den Profilen lesen. Nun gut, mag man sagen, aber das haben viele in dem betreffenden Alter. Das stimmt natürlich. Aber vielleicht sind doch die Gründe hierfür andere?

Sicher scheint mir zu sein, dass Amoktäter alles andere sind als Männer mit einer sicheren männlichen Identität. Überbordend dargestellte Maskulinität erscheint uns im Allgemeinen und zu Recht als Kompensationsversuch. Ist aber die Tötungs-demonstration denn etwas anderes als eine überbordende maskuline Selbstdarstellung? Ja und nein. Zum einen ist sie es unbedingt, zum anderen lässt sie jeden positiven Aspekt des Männlichen vermissen. Sie wirkt wie eine Maske des Soldatischen, doch ohne dessen Ethos. Wie nun, wenn sich hinter dieser Maske eine Hemmung verbergen würde, eine Angst vor der eigenen Sexualität? Gehen wir der Idee probeweise einmal nach.

Meiner klinischen Erfahrung nach könnten wir noch so viele schwule Bürgermeister haben, es gäbe immer noch genug Gemeinschaften, in denen homosexuelles *outing* eine Katastrophe darstellte. Reihen wir die Möglichkeiten, die zum Amoklauf führen können, als klinische Hypothesen auf, dann sollte zumindest diese nicht fehlen: Dass es sich beim Täter, der meist als linkisch im Umgang mit Mädchen gesehen wird, um einen sexuell irritierten jungen Mann handeln könnte, der mit homosexuellen Impulsen zu kämpfen hat, derer er sich nicht anders zu erwehren weiß, als sie in eine martialische Variante umzudeuten. Aus sexuellem Wunsch wird dabei Tötungswunsch, die Waffe ersetzt den Phallus, und im Selbsttötungsakt findet die Scham ein Ende, die für einen Moment sogar noch umspringt in den Triumph dessen, der sich selbst das Leben nimmt.

Eine bizarre These? Nicht bizarrer als die anderen, scheint mir. Und sie würde sogar erklären helfen, warum bei den Opfern die weiblichen in der Regel überwiegen. Denn wenn den Täter eine unintegrierte Lust am eigenen Geschlecht leitet, dann springt dies leicht um in einen Hass auf jene, die zu begehren er unfähig ist. Sie haben dann die Rolle derer inne, durch deren Sexualität er sich nicht normal machen kann – und dies kreidet er als narzisstisch Verirrter nicht sich an, sondern ihnen.

Wäre die These richtig oder zumindest zum Teil richtig, die wir hier formulierten, so ergäbe sich ein notwendiger Blick auf das, was wir kulturell noch an sexuellen Beschwernissen transportieren. Die hilfreichsten Thesen werden auf Dauer vermutlich diejenigen sein, die uns erlauben, die Wirkmechanismen des potenziellen Täters möglichst genau nachzuvollziehen und dabei zu erkennen, wieso der Amoklauf ausgerechnet in dieser Zeit und in solchem Ausmaß um sich griff. Hierfür sind die Diagnosen aus dem psychiatrischen Feld wohl eher ungeeignet, denn sie nähern sich dem, was im Täter wirkt, zu wenig an. Unsere These des sexuellen Konflikts verweist auf eine Krise der Bilder von Männlichkeit insgesamt, deren Fokus dann der Amokläufer bildet. Aber sind womöglich Vergleiche mit Formen der Kopplung von Massaker und Suizid, wie wir sie aus anderen Kulturen heute erleben, hier noch nützlicher? Um den Gehalt dieser Frage näher zu erschließen, müssen wir die Gewalt selbst untersuchen, denn die spezielle Aufladung des Bildes, das der moderne Amokläufer abgibt, verlangt eine in Teilen neuartige Zuordnung hinsichtlich jener Formen von Gewalt, die in ihm wirksam sind. Diese Formen der Gewalt werden wir im folgenden Kapitel ordnen, um dann ihre jeweils im Amokschützen wirksamen Spezifika herauszustreichen.

III. Formen der Gewalt

1. Das Kreuz der Gewalt

Ein Amokläufer ist ein Gewalttäter – einer von vielen. Doch auch Formen der Gewalt gibt es viele. Und es kann hilfreich sein, diese zu unterscheiden, wenn man die Gewalt untersuchen will, die von einem bestimmten Typus des Gewalttäters ausgeht. Hier von einem Typus zu sprechen erscheint mir in der Tat angemessen zu sein, denn so wenig wir beim Amokschützen den Eindruck von Individualität erhalten, so sehr drängt sich der Eindruck auf, es geradezu mit etwas Ent-Individualisiertem zu tun zu haben.

Kein zufälliger Eindruck. Denn wie wir noch finden werden, gibt es im modernen Amoklauf sowohl eine soziale als auch eine mythische Achse. Diese Achsen, die im Amokschützen wirken, machen ihn zum Träger kultureller Aspekte, und dies so sehr, dass seine Individualität in der Tat geradezu ausgelöscht wird. Dass er sich überdies auch im Fadenkreuz von charakteristischen Formen der Gewalt verortet, von denen jede ihre gesellschaftliche Funktion und ihr spezielles Erscheinungsbild hat, kommt hinzu.

Betrachten wir einmal kurz einige Schemata, die derzeit auf Amokläufer angewandt werden. Man kann da, grob betrachtet, drei Lager unterscheiden. Nehmen sich die einen Forscher der Summe der Einzelfälle an und erheben anhand der Charakteristika der Täter so etwas wie ein vorläufiges Profil von Täter und Tat (dies trifft etwa auf Jens Hoffmann und Isabel Wondrak zu sowie auf die Studien von Frank Robertz), so betonen andere Autoren die Rolle der Gesellschaft, in der so etwas möglich ist (Hans Peter Waldrich). Ein drittes Lager (Peter Langman) geht rein psychopathologisch an den Amoklauf heran. Im ersten Fall geht es um die Suche nach potenziell Kriminellen, im zweiten Fall nach den gesellschaftlichen Missständen und ihren Opfern und im dritten Fall sind die Täter einfach krank. Alles dies ist richtig – jedenfalls ein bisschen.

Denn alle drei Lager irren sich dahingehend, dass sie die jeweils komplementären Faktoren verkleinern oder ignorieren. Wer individuelle Pathologien erstellt, der ignoriert gern, was in unserer Kultur los ist, und wer aus polizeilicher Sicht argumentiert, der wird an den Pathographien Einzelner nur minderes Interesse haben. Wo dann wieder die Härte moderner Gesellschaften im Mittelpunkt steht, da wird der Täter zum Opfer verschnitten. Doch um die Gewalt des Amokläufers umfassend zu begreifen und also auch umfassend handeln zu können, braucht man stets alles, das Tat- und Täterbild ebenso wie das Bild der Gesellschaft, und dieses wiederum ebenso wie die Psychopathologie, die von ihr ja immer mitbestimmt wird. Überdies aber braucht man eine Idee von der Art der Gewalt, die hier praktiziert wird, sowie von den inneren und äußeren Bildern, die sie bedingen oder ihr vorausgehen.

Ich werde, um das im Amokläufer wirkende Schema der Gewalt zu kennzeichnen, anstelle sonst gebräuchlicher Unterscheidungen wie etwa der zwischen individueller und struktureller Gewalt, oder der Gewalt gegen Sachen und der gegen Personen hier andere Kriterien verwenden. Dabei differenziere ich vier Typen von Gewalt, die alle zusammen als ein Kreuz gedacht werden können, dessen Achsen mit ihren Endpunkten jeweils zwei einander genau gegenüberliegende Gewaltformen und das Kontinuum dazwischen abbilden.

Grob werden beide Achsen von jeweils einer Fragestellung beherrscht. Die eine Achse unterliegt der Frage: Wozu *dient* der Gewaltakt? Die zweite Frage möchte wissen: Wie ist der Gewaltakt kulturell *eingebettet*? Man erkennt, die beiden Fragestellungen ergänzen einander und sind durcheinander keinesfalls zu ersetzen. Meiner Ansicht nach sind mit diesen beiden Grundfragestellungen die Komponenten, die an einem Amoklauf beteiligt sind, besser und genauer bestimmbar als etwa mit der Frage, inwieweit Amokläufe triebbestimmt sind. Denn ohne jeden Triebfaktor können wir uns aggressive Akte kaum vorstellen, und eine Reduktion auf den Destruktions- oder Todestrieb würfe überdies die Frage auf, wieso denn gerade jetzt und hier dessen Wirkungsweise mehr geworden sein sollte. Eine Analyse der sadistischen Elemente, also der allein sexuell motivierten

Gewalt greift dagegen am Amoklauf eher vorbei. Denn wenn auch von Amokläufern schon verlautete, das Töten bereite ihnen Spaß, so steht dabei doch augenscheinlich die Qual der Opfer nicht im Vordergrund. Vielmehr tötet der Amokläufer so, als mähe er Gras – eine unheimliche Art des Tötens, in der jene Formen der Gewalt, die wir hier näher bestimmen und die wir später medial spiegeln, ihren jeweils genau benennbaren Platz haben.

Innerhalb der Achse, die nach dem fragt, wozu der Gewaltakt – in unserem Fall der Amoklauf – dient, finden wir die zwei Pole der *kathartischen* und der *instrumentellen* Gewalt. Beide Formen sind bekannt; ich werde sie aber dennoch in Bezug auf den Amoklauf noch einmal auf den kommenden Seiten darstellen. Die kreuzende Achse mit der Frage, wie der Gewaltakt kulturell eingebettet ist, führt zur Wahrnehmung einer *archaischen* Form der Gewalt sowie einer *modernen* Gewalt. Diese Unterscheidung lege ich hier erstmalig vor, sie erlaubt es uns zum Beispiel, die Gewalt eines islamischen Selbstmordattentäters, die nur aufgrund ihrer technischen Einzelheiten modern ist, vom modernen Amoklauf zu unterscheiden, der, wie wir noch finden werden, eine Mischform darstellt. Zunächst aber zur Unterscheidung der beiden Größen unserer ersten Achse, der kathartischen und der instrumentellen Gewalt in ihrer jeweiligen Bezogenheit auf den Amoklauf.

2. Kathartische Gewalt

Kathartische Gewalt ist Gewalt, die der Selbstregulation dient. Kathartische Gewalt erleichtert den Täter durch die Auflösung eines Triebstaus. Sie baut Spannung ab und endet für gewöhnlich in einer Art Zusammenbruch, bei dem der Täter ungläubig auf das starrt, was er eben anrichtete, oder womöglich zu schluchzen beginnt, wo er zuvor noch getobt hatte. Doch kathartische Gewalt ist nicht allein ein Tätermerkmal. Im Sinne des Drucks, der in einem Dampfkessel entsteht, stellt sie eine Abfuhr dar, das berühmte »Dampf ablassen«, und ist insofern mitunter wünschenswert und wird im klinischen Rahmen gefördert. Wer eine Tasse an die Wand wirft, führt kathartische Wirkungen herbei und erleichtert sich, ohne dabei zum Täter zu werden oder aggressive Fantasien wachsen zu lassen. Fantasien, die dann anderenorts womöglich schädlichere Folgen hätten.

Die einfachste Variante kathartischer Gewalt ist der Wutanfall. Würden wir einen solchen in Zeitlupe betrachten, so fiele uns in den meisten Fällen auf, dass der, der in Wut ausbrechen wird, zuvor still ist – *zu* still. Nähmen wir Methoden der Ableitung von Körperaktivität hinzu, so fiele uns ein wachsender Muskeltonus auf, begleitet von möglicherweise vermehrter Schweißsekretion und steigendem Blutdruck. Im Moment des Ausbruchs dann löst sich die Spannung, was ein Gefühl von Freiwerden erzeugt, so als habe man einen gereizten Hund endlich von der Leine gelassen.

Es gibt wenige Räume in unserer Kultur, wo man sich kathartisch entladen kann. Und es liegt auch nicht eben im Trend. Gewiss, in manchen Therapiepraxen wird es begünstigt, und dann kennt man natürlich den einen oder anderen populären Sportler, der für seine Wutausbrüche bekannt ist. Hier aber wird es schon zwiespältig, denn Respekt verschafft man sich mit solchen Ausbrüchen nicht. Im Gegenteil stehen Leute, die gelegentlich »die Sau rauslassen« im öffentlichen Bild eher uncool da.

Im Medienbereich ist wiederholt das Argument vorgebracht worden, Spiele und Filme mit einem hohen Gewaltquotienten hätten auf den Zuschauer oder Spieler kathartische Wirkung. Dies Argument wird natürlich besonders gern von denen vorgebracht, die an der Verbreitung dieser Medien finanzielles Interesse haben. Doch sind ihre Argumente auch ohne diesen allzu durchsichtigen Hintergrund nicht ganz stichhaltig.

Die Idee, dass wir im Zuschauen und Miterleben eine kathartische Wirkung erleben, geht auf Aristoteles zurück. Dieser nahm an, dass das Anschauen einer Tragödie im antiken Theater kathartische Wirkung auf den Zuschauer habe – was möglich ist und vermutlich oft so war. Jedoch: Man muss in der antiken Welt nur ein Stück weiter und der Moderne näher gehen, und man landet in Rom. Die Spiele, die sich dort im Circus Maximus und im Kolosseum ereigneten, hätten nach dieser Argumentation ebenfalls kathartisch wirken müssen, was sie aber nicht taten: Vielmehr dockte das sadistische Vergnügen dort an, wo Abreaktionen hätten stattfinden müssen. Ein Effekt, der bei gesteigertem Konsum von harter Mediengewalt leicht gleichfalls auftreten kann.

Kathartische Gewalt kann nicht unbegrenzt wiederholt werden. In ihrer Idealform ist sie durch ein Ausbrechen gekennzeichnet, nach dem Ruhe und Erschöpfung eintreten, sowie durch eine allmähliche innere Lösung, sodass ein Wiederholen in der Regel unnötig ist. Wird Gewalt aber häufig und dann immer häufiger angewendet, so verliert sie ihren kathartischen Charakter und dreht als eine *sich selbst verstärkende* Gewalt gewissermaßen leer, denn es kommt nicht mehr zum Ersehnten. Hirnphysiologisch ist dies so erklärbar, dass ein charakteristisches neuronales Feld immer wieder benutzt wird, mit dem Effekt, dass es auch immer leichter zu dieser Nutzung kommt. Aus Erfahrung kann ich sagen, dass hochaggressive Menschen gleichwohl oft den Eindruck haben, sie müssten »mehr rauslassen«. Dies ist natürlich falsch, und es entspricht der Beobachtung, nach der depressive Menschen auch immerfort glauben, mehr nachdenken zu müssen (»etwas wirklich zu Ende durchdenken«), oder nach der Menschen mit einer Angsterkrankung immer den Eindruck haben, noch mehr kontrollieren zu müssen. Sie alle tun einfach nur mehr von dem, was sie ohnehin tun, denn die Einsicht, dass man ganz andere Strategien braucht, ist schwer, und sie erzeugt Unsicherheit. Führen wir uns kurz vor Augen, wieso.

Dass häufig benutzte neuronale Bahnen (Strategien, Handlungsformen, Fühlweisen) an Kraft, Raum und in gewisser Weise auch an Attraktivität zulegen ist eine Binsenweisheit. Diese Binsenweisheit wird von uns aber anders erlebt, wenn wir sie naturwissenschaftlich untermauern. Betrachtet man Nervenbahnen, die häufig benutzt wurden, im Querschnitt unterm Elektronenmikroskop, so erscheinen sie wie die gut ausgebauten Autobahnen einer Industrienation – sie sind glatt, gepflegt, wie blank geputzt, und es ist augenscheinlich, dass sie gern benutzt werden. Untersucht man dagegen die Nervenbahnen wenig benutzter Strukturen auf die gleiche Weise, so sehen diese vollkommen anders aus. Wie Hohlwege erscheinen sie von Gestrüpp zugewachsen, und es wird im Anblick unmittelbar deutlich, dass so eine Nervenbahn auch schwerer benutzbar sein muss. Und natürlich werden diese Strukturen auch gemieden, denn, leider, es ist anstrengend, sie zu nutzen – ein Phänomen, das aus der Erfahrung jeder kennt und dass in Therapien und Analysen einen wichtigen Erklärungsfaktor dafür abgibt, warum sich manche Prozesse nicht schneller abspielen. Es muss tatsächlich erst die Bahn dafür frei gemacht werden – und weil das anstrengt, erliegen wir immer wieder und allzu leicht der Versuchung, eben doch die blank geputzte Datenbahn der häufig benutzten Nerven mental zu befahren – und dann tun wir das, was wir immer getan haben. Wenn dies aber destruktive Impulse sind, Tötungsfantasien und das Durchspielen von Massakern im Spiel, was dann? An dieser Stelle stoßen wir auf das Gegenüber der kathartischen Gewalt, die durch ihre Plötzlichkeit und ihr Ausbruchhaftes einerseits und damit auch durch Seltenheit andererseits gekennzeichnet war, auf die »instrumentelle« Gewalt. Und diese unterliegt ganz anderen Gesetzmäßigkeiten.

3. Instrumentelle Gewalt

Im Gegensatz zur kathartischen Gewalt dient die instrumentelle Gewalt nicht der Erleichterung, sondern einem meist gänzlich anderen Zweck. Hier hat der Gewalttätige keinen Druck loszuwerden, sondern er möchte im Außen etwas bewirken: Für Ordnung sorgen oder die Kontrolle über etwas behalten, sich bereichern oder Respekt verschaffen, Freiheitsgrade erringen oder sich Lustreize besorgen – vielfältige Intentionen leiten den, der sich einer instrumentellen Gewalt bedient. Man erkennt gleich, dass das Spektrum hier sehr weit ist, und tatsächlich ist die Definition von instrumenteller Gewalt auch nur da hilfreich, wo ihr Gegenbild existiert.

Instrumentelle Gewalt ist möglicherweise die früheste Form von Gewaltäußerung überhaupt. Das kleine Kind, das nach etwas schlägt oder an etwas reißt, das sich etwas nehmen oder nicht hergeben will, benutzt seine noch kleine Form von Gewalt. Was die kriminelle Zone angeht, so kennen wir als ihre bekannteste Variante den Raubüberfall bzw. den Raubmord. Doch instrumentelle Gewalt streut erheblich weiter. Denn auch die Steigerung verletzten Selbstgefühls oder die Aufwertung der eigenen Bedeutung durch Gewaltanwendung, Einschüchterung um des Respekts willen und Drohungen zur Abwehr eigener Ängste sind Formen instrumenteller Gewalt, die sich nicht bloß um der Erleichterung willen entlädt, sondern mittels derer der Gewaltanwender mittelbar oder unmittelbar etwas *bekommt*.

Instrumentelle Gewalt ist oft sanktioniert als Teil der institutionellen Gewalt. Hiermit ist nicht nur die normale und gesellschaftlich notwendige Polizeigewalt gemeint, die sich ja meist auf einen gesellschaftlichen Auftrag berufen kann. Vielmehr dürfen auch Wissenschaft und Kunst manches, was Schüler oder Verwaltungsbeamte nicht dürfen. Jener Hirnchirurg, der einst mit einer durch die Augenhöhle eingeführten Spitzhacke eine Lobotomie durchführte, wird vermutlich fachliche Begeisterung bei seinem Tun empfunden und sein Handeln keinen Augenblick als gewalttätig eingestuft haben. Die Performance-Künstlerin Valie Export war mit Überzeugung bei der Sache, als sie einen Wellensittich in flüssiges Wachs goss. Und man kann annehmen, dass sie keinen Augenblick daran dachte, man könne sie eine simple Gewalttäterin und Sadistin nennen. Und wenn heute Gerhard Roth als populärer Hirnforscher Scans zur präventiven Frühuntersuchung potenzieller Gewalttäter empfiehlt, dann ist dies ebenfalls eine überzeugt vorgetragene Form, instrumentelle Gewalt zu praktizieren, nur eben nicht in individualisierter Form, sondern strukturell getragen und damit aus jenen Zonen herausgenommen, in denen wir Gewalt leicht erkennen.

Nun ist bekannt, dass Menschen ihre eigene Form instrumenteller Gewalt mitunter als angemessene Notwehrmaßnahme angesichts der anderen, der strukturellen instrumentellen Gewalt empfinden. Dies ist zum Beispiel bei Patienten in Psychiatrien ein bekanntes Phänomen, die ja tatsächlich Formen struktureller Gewalt ausgesetzt sind, wie es im Begriff der »chemischen Keule« prägnant zum Ausdruck kommt. Wie hoch Amoktäter den Faktor der strukturell-instrumentellen Gewalt einschätzen, der sie ausgesetzt sind, kann gegenwärtig nur eine offene Frage bleiben. Doch wird diese Frage in präventiven Kommunikationen, wie ich sie im vorletzten Kapitel dieses Buchs erläutern werde, eine wichtige Rolle spielen.

4. Archaische Gewalt

Archaische Gewalt ist dadurch gekennzeichnet, dass sie sich auf Ordnungen beruft. Ordnungen, die von der Natur, von der Religion oder von der ererbten Lebensform vorgegeben sind. Ordnungen, die nicht gebrochen werden dürfen. Und wenn dies doch geschieht, so ist die Gewalt, die die Ordnung wieder herstellt, gerecht und angemessen – so sieht es der archaische Gewalttäter.

Wo finden wir in unserer Kultur archaische Gewalt? Wir finden sie etwa in Familien, in denen junge Frauen umgebracht werden, weil sie Miniröcke anziehen, tanzen gehen und wechselnde Sexualpartner haben. Diese jungen Frauen agieren modern, und die archaische Struktur geht daran, das Moderne zu verhindern. Das moderne Handeln wohlgemerkt, nicht die moderne Technik. Es ist das Lebensgefühl, um das es hier geht. Auch Taliban benutzen ja Laptops. Aber ihre Sicht der Weltordnung wird davon nicht berührt.

Archaische Gewalt gedeiht da, wo das individuelle Glück nichts bedeutet gegenüber der Ordnung, dem Großen, Übergeordneten. Das bedeutet, dass archaische Gewalt durch Möglichkeiten des Lustgewinns auch nicht zu verhindern ist. Vielmehr kennen wir das Bild des Täters, der, um sein persönliches Unglück wissend, die Tat vollzieht, weil sie eben vollzogen werden muss. Dies offenbart den zweiten wesentlichen Faktor archaischer Gewalt: Sie folgt Gesetzen, die sie determinieren.

Die suggestiven Begleitbegriffe von archaischer Gewalt sind etwa »Ehre«, »Strafe«, »Macht« usw. Archaische Gewalt bringt medial charakteristische Figuren hervor, den Rächer beispielsweise, der die Ordnung wiederherstellt. Auch jemand wie der »Taxi Driver« Travis Bickle in dem berühmten Film von Martin Scorcese ist trotz seiner modernen Waffen ein archaischer Gewalttäter, ein dunkler Rächer im Dienste von etwas Höherem, das man nur erahnen kann, das ihn aber ohne Frage besetzt.

Archaische Gewalt enthält häufig eine mythische Komponente. Man mag hier sagen, das sei doch etwas eher Überlebtes und das Mythische tauge vielleicht für *Fantasy*-Bücher und ein paar esoterische Sekten, sei aber ansonsten doch ziemlich uninteressant. Nichts könnte jedoch falscher sein. Denn wenn wir das Mythische als etwas begreifen, das zu unserem psychischen Bodensatz gehört, dann erkennen wir leichter, dass Mythen überall dort wieder neu entstehen, wo sie zuvor gezielt ausgetrieben wurden. Anders und etwas prägnanter formuliert: Wo einer Kultur die Einbindung des Mythischen nicht gelingt, da entfaltet dies aus dem Unbewussten heraus seine destruktive Wirkung.

Wie das Mythische sich destruktiv Bahn zu brechen vermag, das sei an einem Beispiel erläutert. Alan Posener weist in seiner Shakespeare-Monografie darauf hin, dass unter Elisabeth I. der Marienkult, der zuvor kulturell Raum gehabt hatte, verboten wurde. Dies führte, so Posener, zu einem Wiederaufleben des Hexenkultes – und in der Folge kam es zu Hexenverfolgungen. In Elisabeths gesamter Regierungszeit gab es (ich folge den Zahlen, die Posener uns gibt) 83 Hinrichtungen von so genannten Hexen bei 535 Prozessen mit all dem dazugehörigen Leid. In Schottland, das calvinistisch war (die katholische Maria Stuart wurde unter Elisabeth bekanntlich geköpft), verbrannte man im gleichen Zeitraum 8.000 Frauen unter der Anklage, Hexe zu sein. Diesen grausamen Zahlen steht etwas Bemerkenswertes gegenüber: Zweihundert Jahre lang hatte es nämlich zuvor *überhaupt keine* Hexenverbrennungen mehr gegeben, während dieser Zeit war der Kult um Maria erlaubt gewesen und hatte so etwas wie ein Auffangbecken für die Mythologie um das Weibliche ermöglicht. Drei Jahre nach dem Beginn der Regentschaft Elisabeths, 1561 (das Geburtsjahr Francis Bacons), ging es dann mit den Prozessen wieder los.

Es erscheint hier noch zu früh, der Rolle des Mythischen im modernen Amokläufer schon genauer nachzugehen. Dies erfordert erst einige Analysen der kulturell wirksamen und medial vermittelten Bilder, deren Gestalt uns Überbetonungen und Mängel nach und nach enthüllen wird. Überdies müssen wir zuvor das Gegenstück der archaischen Gewalt untersuchen, das im Täter gleichfalls wirksam ist. Dies Gegenstück bezeichnen wir als die »moderne« Gewalt.

5. Moderne Gewalt

Archaische Gewalt ist Teil eines – oft mystisch durchzogenen – Ordnungsgewebes. Moderne Gewalt ist dadurch gekennzeichnet, dass sie dies Gewebe zu zerreißen wünscht. Will archaische Gewalt eine Ordnung wiederherstellen, so will moderne Gewalt das Gegenteil, den kalkulierten Tabubruch. Folgt die archaische Gewalt Gesetzen und wird von diesen in die Gleise geleitet, so spielt moderne Gewalt mit der Aushebelung dieser Gesetze. Die Attentäter vom 11. September waren, obgleich sie modernste Hilfsmittel benutzten, *archaische* Gewalttäter, denn sie waren von Ordnungsvorstellungen motiviert, denen religiöse Bilder zugrunde liegen.

Bei der *modernen* Gewalt ist das Hauptmerkmal eine Überschreitung, die Rebellion gegen eine ethische Ordnung, insbesondere gegen den Humanismus. Moderne Gewalt beginnt nicht in der so genannten Moderne, sie findet hier aber ihre Apologeten. Können Gilles de Rais und der Marquis de Sade als ihre Begründer gelten, so sind Theoretiker wie Georges Bataille ihre intellektuellen Veredler.

Der französische Schriftsteller Georges Bataille hat in seinen Schriften gelegentlich versucht, Gewalt als Form der Schändung, der Rebellion gegen das Metaphysische aufzuzeichnen. Szenen etwa, in denen Augen aus den Höhlen geschnitten und in eine Vagina eingeführt werden, belegen dies. In einer anderen bataille'schen Szene wird ein Priester erdrosselt, indessen man über seinem Unterleib den einer Frau platziert. Die Idee ist, dass er mit seiner durch das Erdrosseln ausgelösten Erektion zuletzt noch sein Keuschheitsgelübde brechen solle. »Du sollst ein Märtyrer sein, aber ein fickender Märtyrer.« So sagt man zu ihm.

Man kann fragen, was solche abstoßenden Szenen denn mit Amokläufen zu tun haben sollen, zumal sie zu einer Zeit geschrieben wurden, in der von Amokläufen hierzulande nicht die Rede war. Die Antwort ist, dass es für Bataille um das geht, was er »Überschreitung« nannte und worunter das Tun dessen zu verstehen war, was jenseits der moralischen Grenze lag. Indem die moralische Grenze überwunden wird, setzt der, der sie hinter sich lässt, sich selbst absolut und gottgleich. Dies aber, genau dies, findet im Amokläufer statt, und es gibt ein Klima, das dies begünstigt.

Ein wesentliches Moment moderner Gewalt ist ihr selbststilisierender Anteil: Der Täter baut sich als Künstler auf oder als Rebell, als Forscher oder mutiger Grenzüberschreiter, moralische Gesetze hebelt er einfach aus. Diese Idee findet ihre Entsprechung in der brutalen Feigheit des Amokschützen, der sich Kinder, Alte oder Behinderte vornimmt, bei denen er sicher sein kann, dass sie nicht zurückschießen werden. Im Sinn moderner Gewalt ist dies so etwas wie ein Tabubruch, bei dem der Täter sich über das Tabu hinwegsetzt, dass man Schwächere nicht angreifen dürfe.

Auch dies hat Hintergründe. Deutlich ist, dass Bataille zum Beispiel eine enge Verbindung sieht zwischen Gewaltphänomenen und Ästhetik. Eine Verbindung, die inzwischen in die Kultur hineingelappt hat, und die eine äußerst heikle Verbindung insofern ist, als gerade diese Nähe von Gewalt und Ästhetik von Freunden der modernen Gewalt oft beschworen wird und man nicht mehr recht unterscheiden kann, ob sie von Bataille nur diagnostiziert wurde, oder ob sie nicht von Denkern wie ihm erst in die Welt gebracht wurde. Filmisch wird die Assoziation von Gewalt und Ästhetik zum Beispiel in »Das Schweigen der Lämmer« und, krasser noch, in dessen Nachfolger »Hannibal« umgesetzt. Intellektuelle Veredelung erfährt dies dann durch Leute wie den Kunstkritiker Boris Groys, der in seinen Vorlesungen zu »Ästhetik und Gewalt« erklärte, dass Künstler und Serienmörder einander darin ähnlich seien, dass beide sich wehrlos den Impulsen ihres Unbewussten überließen. Ein Satz, der, vorsichtig gesagt, etwas dümmlich ist und verrät, wie wenig der Autor vom Unbewussten verstanden hat.

Entschuldigt Groys den Gewalttäter in seiner Gedankenbildung nicht auch? Zumindest lässt er eine klammheimliche Sympathie durchblicken, mit der es vermutlich rasch vorbei wäre, wenn er selbst in die Nähe der Opfer rücken würde. Doch ich denke, Sätze wie seiner arbeiten von der intellektuellen Seite her auch einem Bedürfnis der Täter zu. Ihr Verhalten wird durch die Annahme, dass sie sich ihrem Unterbewusstsein überlassen, teilweise entschuldigt. Absurderweise tritt bei der modernen

Gewalt neben den kalkulierten Tabubruch nämlich zugleich die Tendenz zur Relativierung, so als werde dem eigenen Überschreitungswillen nicht ganz getraut und immer noch die Zustimmung einer größeren Allgemeinheit angestrebt. Klaus Theweleit spricht zum Beispiel von der »Realitätsform Verbrechen«; ein Begriff, der zeigen soll, dass die Tat auch einer anderen Realitätsform zugeordnet werden kann und damit partiell den Verbrechenscharakter verliert.

Groys hat einmal erklärt, es sei mit der Produktion von Gedanken so wie mit der Produktion von Dingen – man versuche stets, dabei die Überlegenheit zu bekommen und auf der Bühne, auf der man agiere, die meiste Aufmerksamkeit zu erheischen. Man könnte sagen, dass der moderne Gewalttäter dies Prinzip befolgt, und dass er es von der Ebene der Gegenstände und der der Ideen lediglich transferiert auf die Ebene öffentlicher Aktionen.

Es gibt einen Schlüsselsatz, der hier im Hintergrund wirkt und in der klinischen Diskussion nicht auftaucht, einfach weil er anderen Sphären zugeordnet ist. Es handelt sich um einen Satz des Surrealisten André Breton, der einmal erklärte, die einfachste surrealistische Handlung bestehe darin, mit einem Revolver blindlings in die Menge zu feuern. Dieser Satz, so zynisch er ist, genießt in der Kulturwelt durchaus einen gewissen Hype – oder vielleicht sollte man sagen, er *genoss* ihn, denn solange er bloßer Spruch blieb, konnte man ihn als Spielform künstlerischer Radikalität in die »Kunst-Kiste« werfen, ohne Konsequenzen befürchten zu müssen.

Das ist anders geworden, seitdem sich die Selbststilisierung von Mördern gewandelt hat. Der Mörder, der sich selbst als Künstler sieht, ist eine Spielart der Moderne. Er hat auch mit dem, der sich selbst als Strafenden, als Gesandten oder als Repräsentanten einer höheren Ordnung erfährt, zunächst nichts gemein. Und doch sind dies die beiden Stränge, aus denen die Struktur des Amokschützen geflochten ist. Hier der die humanen Grenzen überschreitende Selbststilisierer, dort der mythische Rächer: Zwei Bilder, die wir später in unseren Medienanalysen noch wiederfinden werden.

Der Täter, der quält, agiert modern, auch wenn er sich dabei primitiver Instrumente bedient, denn sein primärer Feind ist jenes zwischenmenschliche Gesetz, nach dem Folter verboten ist, und dessen Übertretung ihm mediale Aufmerksamkeit garantiert. Nicht anders auch der Amokläufer, dessen Aktion antritt, vorherige andere möglicherweise zu toppen. Beider Handeln wird geeint vom kalkulierten Tabubruch, der im einen Fall in der Folter besteht, im anderen Fall in der Wahl der Opfer. Denn wenn Massaker unter Kindern, Behinderten und Alten in erster Linie abstoßend feige sind, so werden sie dem Täter auch als Bruch eines Tabus erscheinen können, was dann Teil seiner Selbststilisierung ist. Indem er gerade die Schwächsten tötet, bricht er das Tabu, dass die Schwächsten besonders zu schützen seien – und reiht sich selbst ein in die Rolle jener Ikonen, denen wir im letzten Teil des siebten Kapitels noch begegnen werden. Hier aber soll nun eine Positionierung des Amokläufers in seiner modernen Gestalt anhand des Kreuzes der Gewalt versucht werden.

6. Der Amokläufer vor dem Kreuz der Gewalt

Wenn wir die vier Elemente des Kreuzes der Gewalt für Fälle von Gewaltanwendung nutzen, so stellen wir fest, dass Gewaltakte jeweils ein spezifisches Mischungsverhältnis aus diesen vier Komponenten aufweisen. Das ist auch im Fall des Amoklaufs so. Sein Mischungsverhältnis ergibt sich wie folgt:

- *Archaisch* ist am Amokläufer die Idee des einsamen Rächers, des Strafenden, der wir in den kommenden drei Kapiteln noch mehrfach begegnen werden.
- *Modern* ist am heutigen Amoklauf insbesondere der Tabubruch, das Töten von Hilflosen etwa.
- *Kathartisch* ist im Amokläufer das Gefühl, ein und für alle Mal mit der Tat etwas ausagiert zu haben (man kann sogar vermuten, dass es bis zur Tat selbst so etwas wie einen emotionalen Stau gibt, der dann in der Tat seine Beseitigung erfährt; die vor kathartischen Wutausbrüchen bekannte Stille erschiene beim Amokläufer dann als übermäßig gedehnt).

- *Instrumentell* ist dagegen der Aspekt der Selbstaufwertung und der Reparation des beschädigten narzisstischen Selbstbilds.

Betrachten wir den modernen Amoklauf auf diese Weise, so haben wir ein Kreuz der Gegebenheiten. Ergänzend helfen im Einzelfall individualisierte Unterrubriken, mit denen wir eine Neigung zur schnellen, explosiven oder zur gehemmten, langsamen Gewalt bestimmen können und mit denen wir Gewalt als eine Form der Abwehr (von erfahrenem Leid oder Todesgewissheit, wobei Letztere gern zur Verkitschung benützt wird) oder als Form des Appells begreifen können. Diese Unterrubriken werden jedoch in anderen Zusammenhängen für uns wichtiger werden, nämlich dort, wo wir im letzten Teil des Buchs institutionelle Kommunikation als mögliche präventive Maßnahme diskutieren. Die Analyse, die wir hier vornahmen, hatte demgegenüber ein anderes Ziel. Sie bildete einen wichtigen Baustein für das Verstehen jener Faktoren, die im modernen Amoklauf überhaupt wirksam sind.

IV. Die innere Welt des modernen Amokläufers

1. Jenseits des Vertrauten

Der Zustand, in dem ein Mensch zu Massakern fähig ist, muss uns zunächst unverständlich bleiben. Das oft fassungslos hervorgestoßene »Was muss in so einem Menschen vorgehen?« drückt allerdings einen Wunsch nach Verstehen oder zumindest nach Erklären aus. Denn die anscheinende Normalität der Mörder gibt einer Unruhe Raum, die dadurch entsteht, dass das Mördertum so verstörend nah erscheint. Daher sind die Entwürfe der Psychopathologie und die klinischen Erklärungen in allererster Linie Beruhigungsmechanismen für jene, die fürchten mögen, der künftige Mörder sei womöglich der Nachbar oder gar das eigene Kind. Möglichkeiten zur Prävention schaffen sie nämlich keine.

Der Täter kommt, er mordet, er lacht mitunter, und es ist ein ganz bestimmtes, im Kern wohl doch freudloses Lachen. Überleben wird er seine Tat nicht, wie kann er da fröhlich sein? Und woher dies seltsam Masken-, ja *Baby*maskenhafte, das für sein Gesicht charakteristisch ist? Kann man nicht geradezu den Eindruck bekommen, der Täter sei lange nicht so individuell, wie er zu sein glaubt, sondern vielmehr von etwas gesteuert, das er selbst weder überblickt noch versteht?

Im modernen Amoklauf begegnen wir einem »stumpfen Tod«. Stumpf ist er, indem er sich ohne Leidenschaft, ja, wohl überhaupt ohne jedes echte Gefühl ereignet. Stumpf ist er auch durch den mechanistischen Ablauf, in dem eben nicht Zorn, Wildheit, Auseinandersetzung bildbestimmend sind, sondern ein Programm durchgezogen, eine Inszenierung hingelegt wird. Und stumpf ist er endlich, weil alles Scharfe, alles Profilierte dem Täter selbst abhandengekommen zu sein scheint. In seiner Tat erscheint er wie das gesichtslose ausführende Organ in einem Plan, den er nur glaubt, selbst geschmiedet zu haben. Wo ein Heldengesicht, wie man sagt, scharfe Züge besitzt, die im Profil vielleicht denen eines Raubvogels nahekommen, da sind die Züge des Amoktäters zu einer dem Kindchen-Schema nachempfundenen Aussagelosigkeit abgeschliffen und stumpf gemacht worden. Noch ehe er Mann wird, versucht sich der Amokmörder als Krieger. Da ihm aber hierfür alles Männliche fehlt – und männlich wäre eben zum Beispiel der Mut –, so sehen wir *babyface* in Uniform mit sich und den anderen Schluss machen. Wie aber sieht seine Motivation aus, und genügen uns die klinischen Begriffe wirklich, nachdem wir ihre engen Grenzen doch erkannten? Wie hoch darf der Selbstbestimmungsanteil im modernen Amokläufer eingeschätzt werden? Und was ist es, das ihn so seltsam ferngesteuert erscheinen lässt in all seiner pathologischen Hässlichkeit?

Die ersten Fälle von überlebenden Tätern liegen nun auch in Deutschland vor. In Bad Godesberg blieb die Tat aus, das offensichtlich tatbereite Mädchen wurde in Gewahrsam genommen. Der Ansbacher Täter, angeschossen, erwachte wenige Tage später aus dem künstlichen Koma. In vermutlich fiktiven Briefen ließ er Einblicke in das zu, was ihn zur Bluttat bewogen hatte. Doch wie kaum anders zu erwarten, waren diese Einblicke nahezu wertlos. Hass auf die Schule, Versagensängste – das wird man so selten nicht antreffen in Schülerseelen. Dass das Ausmaß hier ins zweifellos Abnorme gesteigert erschien, ist natürlich zu bedenken, aber wenig hilfreich. Denn dies erklärt noch in keiner Weise, wie es dann zum Versehen mit Waffen – Axt, Brandsätze, Messer – kommt und endlich dazu, den eigenen Tod einzukalkulieren. Hier erst, an dieser Stelle setzt die klinische Fragestellung ein, denn alles andere ist dem Therapeuten eher vertraut, kommt es doch in großer Zahl bei Jugendlichen vor.

2. Wie viel Sinn macht eine Typologie des modernen Amokläufers?

Das Dilemma besteht in der Individualisierung einer Tat, die doch ohne Frage gehäuft vorkommt. Verräterisch erscheint schon der Umstand, dass die klinischen Erklärungsmodelle im Umfeld des modernen Amoklaufs allesamt alte Hüte sind. So wird zum Beispiel Alfred Adlers Theorie der Organminderwertigkeit neu bemüht, wenn darauf hingewiesen wird, dass einer der Täter von Columbine eine Trichterbrust gehabt habe und aus diesem Grund auch als Kind habe operiert werden müssen. Das ist nun gewiss nicht schön, und Störungen rechtfertigt dieser Befund auch – aber wieso Amokläufe? Hier ist keine Verbindung zu erkennen. Im Übrigen sind Organminderwertigkeit, wie Adler das nannte, und die sich daraus ergebenden Kompensationsversuche ein altes, vielfach bespiegeltes Thema, ob es nun um den verkrüppelten Arm Kaiser Wilhelms II. oder um den Klumpfuß Joseph Goebbels' ging. Auch hat der Psychologe Raphael Ezekiel in jüngerer Zeit darauf hingewiesen, dass unter Neonazis der Anteil von behinderten bzw. beschädigten Körpern besonders hoch sei. Die Tendenzen, erlebte Körperbehinderung und die daraus sich ergebenden Komplexe in herrische Überlegenheitsfantasien umzumünzen, die Selbstablehnung in Fremdhass umzudeuten, sind also vielfach bekannt und untersucht. Aber wieso Amoklauf? Das Modell gelangt hier ersichtlich an eine Stelle, an der es nicht mehr hinreicht.

Wenn nun das Tätertum keine individuelle Psychologie des Täters erlaubt, ist dann vielleicht eine Typologie möglich? Typologien wären ja gerade da hilfreich, wo das Individuelle nicht hinreichend bestimmt werden kann. Und zugleich ginge eine Typologie tiefer in das Besondere hinein, als es die bloße Profilbildung ermöglichte. Wir fanden allerdings schon, dass die Entwicklung eines bloßen allgemeinen Täterprofils uns kaum nennenswert weiterführt, was den Hintergrund moderner Amokläufe angeht. Insofern werden wir bemüht sein, beim Erstellen eines Typus diejenigen Merkmale herauszustellen, die uns diesen Hintergrund besser zu erleuchten helfen.

Versuchen wir, die Befunde zu bündeln. Welche Merkmale des modernen Amokläufers können wir annehmen? Es sind nicht viele, aber gleichwohl wichtige:

- der moderne Amokläufer ist fasziniert von Gewalt und von Waffen;
- der moderne Amokläufer praktiziert eine Gewalt, die gleichermaßen archaisch und modern, kathartisch und instrumentell ist;

- der moderne Amokläufer weist eine gestörte oder unterent-wickelte Sexualität auf;
- der moderne Amokläufer besitzt eine eher feige Struktur, in der auch sadistische Züge enthalten sind;
- der moderne Amokläufer hat als Persönlichkeit nur wenige individuelle Züge;
- der moderne Amokläufer wird daher leicht zur Marionette anderer Triebkräfte.

Über den letzten Punkt mag man erstaunen. Und doch ist er möglicherweise der wichtigste. Denn wenn wir einmal annehmen, dass Feigheit und gestörte Sexualität, Psychopathie und Psychose, Borderline und Narzissmus, Nekrophilie und Sadismus in allen Kulturen vorkommen, dann bleibt die offene Frage bestehen, wieso es denn nur sehr wenige Kulturen sind, in denen sich moderne Amokläufe ereignen. Und dieser Frage angehängt erscheint das Problem, die Anfälligkeit für jene destruktiven Kräfte, die im Amokläufer wirken, näher zu erörtern.

3. Das infantile Böse

Wen würde sich eine gesellschaftliche Strömung, die böse Absichten hegte, wohl aussuchen, wenn sie nach Werkzeugen Ausschau hielte? Vermutlich würde sie sich an Menschen orientieren, die noch unausgereift, doch von hohem Ehrgeiz gekennzeichnet wären. Menschen, die zugleich unkritisch mit sich selbst und von der eigenen Wichtigkeit überzeugt wären. Und endlich wohl auch solche, die auf der Suche erschienen nach einer Möglichkeit, vage empfundene Gefühle von Minderwertigkeit irgendwie auszugleichen.

Das Profil, das wir hier erstellen, entspricht in etwa dem, das wir in totalitären Strukturen wiederfinden. Dort kennzeichnet es jene willfährigen Vollstrecker, derer jedes dieser Regime bedarf, wenn es grausam werden will und Schrecken verbreiten. Viele junge Männer sind immer darunter, aber auch frustrierte Ältere, die der Neid plagt und die ahnen, dass sie andere nicht in dem Ausmaß beeindrucken, wie sie selbst dies für angemessen erachten. Indem sie sich als Vollstrecker grausamer Anordnungen anbieten, ergreifen sie die Chance zur Rache an all jenen, die ihnen voraushaben, was sie, die oft gröberen, tendenziell unauffälligen Gestalten insgeheim gern hätten.

Der Anthropologe Arjun Appadurai spricht, indem er Massaker wie in Ruanda und auf dem Balkan diskutiert, von einem Narzissmus der Kleinsten, der Minderheiten. Dies ist nun natürlich ein globalpolitisches Modell und hat auf den ersten Blick mit Amokläufen wenig zu tun. Und doch sind Amokläufer in gewissem Sinn genau dies, unsere »Kleinsten«, unreif und schwer bewaffnet und von der ständigen Angst angenagt, übersehen zu werden. In eine ähnliche Richtung weist Hans Magnus Enzensbergers ansonsten überzogene und teils sehr flache Einschätzung, dass wir es beim Amoktäter ebenso wie beim Selbstmordterroristen mit einem »radikalen Verlierer« zu tun haben.

Auf eine verstörende Weise kann man, wenn man an moderne Amokläufer denkt, wohl eher an Kindersoldaten denken. Ohne im Kern monströs zu sein, sind diese doch in dem Zustand, in den sie versetzt worden sind, zutiefst böse, denn der natürliche Antagonist ihrer Gewaltsamkeit ist ihnen genommen worden. Dabei liegt ein Teil ihrer spezifischen Problematik darin, dass sie unausgereift sind und noch über keine gefestigte Moral verfügen. Insofern ist das, was an weichem Moralgerüst vorhanden ist, durch gezielte Übertritte noch recht leicht zu verbiegen.

Könnte sich dies beim modernen Amokläufer ähnlich verhalten? Wäre es möglich, dass seine Psyche weit weniger ausgeformt und daher für Fremdeinflüsse durchlässiger ist, als dieser selbst in seinem Narzissmus es glaubt? Und findet sich dies möglicherweise auch in anderen Kulturen einfach anders ausgeprägt? Mit dieser Erkundigung kommen wir an die Frage heran, was den modernen Amokläufer zum Beispiel mit Selbstmordattentätern – die Phänomene stiegen ja in etwa zeitgleich an – verbindet, und ob diese nicht in gewissem Sinn ein- und dasselbe seien.

4. Amokläufer und Selbstmordattentäter

Angesichts der Parallelität der Phänomene steht die Frage im Raum, ob und inwieweit die Selbstmordattentate moderner Islamisten und unsere geplanten Massaker etwas miteinander zu tun haben. Gemeinsam ist ihnen zumindest eins: Sie sind nicht neu, aber in den letzten etwa 15 Jahren in deutlich gehäufter Zahl aufgetreten. Gemeinsam ist ihnen auch der Vorsatz der Zerstörung sowie der eingeplante oder in Kauf genommene eigene Tod.

Hier allerdings beginnen die Unterschiede. Denn wenn der islamische Selbstmordattentäter sich selbst zum Medium des Mordes nimmt, so bringt sich derjenige, der Massaker anrichtet, eher um, um damit die hässlichen Folgen seiner Tat – Gefangennahme, Verhöre und Urteil sowie endlich die Gefängniseinweisung oder die dauernde psychiatrische Unterbringung – zu vermeiden. Ein weiterer wesentlicher Unterschied besteht darin, dass der Selbstmordattentäter noch einen Feind zu treffen hofft, der zumindest einigermaßen umrissen werden kann: Israel, die Ungläubigen, Amerikaner und Imperialisten. So einen Gegner gibt es bei den westlichen Massakern nicht. Vielmehr tötet der Täter eher seinesgleichen.

Der Analytiker Wolfgang Schmidbauer attestierte in einer ziemlich konservativ gehaltenen psychoanalytischen Studie Selbstmordattentätern eine narzisstische Störung. Seine Forderung, es müsse frühzeitig dafür gesorgt werden, dass diese wacklige, sich durch Radikalakte stabilisierende und endlich selbst vernichtende psychische Struktur Stützung bekomme, wirkt natürlich etwas schwach angesichts der Tatsache, dass der Autor zu einer Gesellschaft spricht, die auf islamische Selbstmordattentäter keinerlei Einfluss hat. Im Übrigen begeht der Autor einen häufig zu verzeichnenden Fehler, indem er aus einer Haltung der kulturellen Anmaßung heraus das psychoanalytische Modell anderen Kulturen auferlegt, um dort so zu Diagnosen zu gelangen. Dass die Narzissmus-Diagnose hinsichtlich der Amokläufer aktuell diskutiert wird, haben wir schon gefunden. Ihre Übertragung auf die islamische Welt ist allerdings unmöglich, zumal dort die gesellschaftlichen Wirkfaktoren völlig andere sind und sozialpsychologisch eher zu bestimmen wären als mit dem klinischen Blick.

Nein, man kann die Selbstmordattentäter nicht wirklich mit den Amokschützen vergleichen. Ähnlich sind sie sich nur darin, dass sie Schreckliches anrichten. Filme wie »Paradise now« oder »Alles für meinen Vater« aber; Filme, in deren Zentrum die Entwicklung von Selbstmordattentätern steht, machen nachvollziehbar, dass es hier um ganz andere Dinge geht als um individuelle Störungsbilder oder persönliche Rachegelüste. Letztere mögen stimuliert werden, das ja, doch im Zentrum stehen sie nicht. Vielmehr erinnert die Maschinerie, die zu Selbstmordattentaten führt, an Strukturen, wie wir sie aus Stanley Milgrams Gehorsams-Experiment kennen, in dem Menschen in einer fingierten Situation dazu gelangten, einem Unbekannten im Nebenraum beträchtliche Elektroschocks zu verabreichen. Was sich dabei als stärkster Faktor zum Weitermachen und Grausamwerden erwies, waren Aussagen der Versuchsleiter nach Art von »Es ist sehr wichtig, dass Sie dies tun« oder »Das Experiment erfordert es« oder auch »Sie können jetzt nicht mehr zurück«.

Doch auch die sozialpsychologisch-experimentelle Forschung erhellt hier nicht alles. Denn der kulturelle Hintergrund, vor dem die Selbstmordattentate sich ereignen, ist ja insgesamt ein völlig anderer. In ihm sind archaische Elemente dominant, die in unserer Kultur der Moderne nur noch unterschwellig wirken, aber keineswegs bildbestimmend sind. Und überdies sind die Selbstmordattentate Teile eines allgemeinen Kriegsgeschehens, das – auch wenn niemand den Krieg erklärte – im Bewusstsein der Beteiligten doch existiert, und zwar nicht individuell, sondern gesellschaftlich verankert. Vor diesem Hintergrund wirken im Selbstmordattentat Strukturen gesellschaftlicher Verantwortlichkeit mit, die den Einzelnen zum Krieger für alle ernennen.

Strukturen wie diese sind im Amokschützen nicht oder kaum vorhanden. Denn er ist ja nur extrem selten Teil eines Feldes, und wenn, wird die Diagnose bereits strittig, denn für gewöhnlich imaginieren wir den Amokläufer als einen Einzeltäter. Immerhin aber: Sätze wie »Ich kann jetzt nicht mehr zurück« oder »Es ist notwendig« würden wir, hätten wir ein Tape seiner inneren Monologe zur Verfügung, fraglos hören können, denn dies sind Sätze, die häufig Gewaltakte einleiten. Ihr Sinn besteht darin, Alternativen auszuschließen und so den Blick künstlich zu verengen.

Der Unterschied zwischen Selbstmordattentätern und Amokläufern besteht nun darin, dass Letztere die fraglichen Sätze nicht gesagt bekommen, sondern sie sich selber eingeben. Anders gesagt: Sie sind nicht mittelbar Teil von Strukturen, die zerstören wollen, sondern allenfalls un-mittelbar, als Teile unserer modernen Gesellschaft eben und ihrer unterschwelligen Destruktion. Wo also dem Selbstmordattentäter seine Motivation von außen immerfort bestätigt werden muss, da geschieht dies im Amokschützen von innen. Dies lässt ahnen, dass dem Selbstmordattentäter der Tod keineswegs so leicht und wunderbar erscheint, wie es jene vulgären Interpretationen nahelegen, die stets gleich auf die Jungfrauen zu sprechen kommen, die den Mörder dann angeblich im Paradies erwarten. Vielmehr ist er in beständiger Gefahr, abzuspringen – und sich latent bewusst, dass er sein junges Leben opfert.

Ein Opferbewusstsein kann dem Amoktäter nun nicht bescheinigt werden, sein Tod hat ja eine gänzlich andere Konnotation, sie entspricht weit eher der Entscheidung, sich selbst aus dem Leben zu nehmen, damit niemand anderes mehr konfrontieren und strafen kann. Dieser Unterschied kommt im Übrigen in den beiden Begriffen zum Tragen, wenn man suggestionspsychologisch untersucht, was sie denn assoziativ erzeugen. Im Fall des Selbstmordattentäters steht der »Selbstmord« über dem Attentat oder ist ihm zumindest gleichrangig, was das Opfer, das darin liegt, sprachlich einfängt. Im »Amoklauf« dagegen ist von einem Opfer nicht einmal unterschwellig die Rede: Amok ist Amok, und Amok bedeutet mehrfachen Mord.

Vielleicht werden auf Dauer aber die Unterschiede geringer werden. Eine Art Zwischenposition auf der Strecke zwischen Amoklauf und Selbstmordattentat nimmt gegenwärtig der Mörder von Fort Hood ein, dessen Handeln man sowohl dem eines narzisstisch frustrierten Mörders als auch dem eines religiös motivierten Attentäters zuordnen könnte. Denn gewiss handelt es sich der Form nach um einen modernen Amoklauf. Zugleich aber verweist der Ausruf »Alahu Akhbar!«, mit dem die Tat begann, dass etwas Übergeordnetes den Täter motivierte; jener Gott eben, dessen Größe er in seinem Ruf preist. Radikal islamische Gruppen nahmen den Täter dann auch schnell für sich in Beschlag und priesen seine Morde als gelungenen Angriff auf die teuflischen Vereinigten Staaten.

5. Der Innenraum des Täters

Ich möchte nun versuchen, den Innenraum des Täters mit Mitteln zu untersuchen, die meiner eigenen Arbeit entstammen. Ich bin Hypnotherapeut und Hypnoanalytiker, was bedeutet, dass ich mit den Mitteln der Hypnose die Zonen des Unbewussten eines Patienten therapeutisch erschließe. Diese Mittel darf man sich nicht so plakativ vorstellen, wie sie in einschlägigen Filmen vermittelt werden. Ihre wesentlichen Charakteristika sind Suggestionen (sprachliche Muster, die eine innere Wirklichkeit entstehen lassen) und der therapeutische Einsatz von Trancen, veränderten Bewusstseinszuständen also, in denen wir stärker fokussiert sind und sinnlicher wahrnehmen (d.h. wir sehen vermehrt innere Bilder oder spüren Körpergefühle vertiefter, können innere Stimmen hören oder gesteigert Gerüche erinnern, mit denen wir etwas verbinden).

Sowohl die Zone des Suggestiven als auch die der Trance kann man nicht nur therapeutisch, sondern auch diagnostisch verwenden, d.h. man untersucht zum Beispiel den Bewusstseinszustand von Menschen, um ihre Störungen besser zu verstehen. Ein Trance-Aspekt ist nämlich an vielen psychischen Störungen beteiligt; man spricht hier mitunter von »Symptomtrancen«. Ich selbst konnte in einigen Studien zeigen, dass zum Beispiel Persönlichkeitsstörungen und Psychosen auf vielfältige Weise Überlappungen mit Trancen aufweisen (Milzner 2001 und 2005). Allerdings kehrt sich dabei das konstruktive Potenzial dieses Bewusstseinszustands gewissermaßen um und gibt nun Anteilen übermäßigen Raum, die normalerweise in der Streubreite des Bewusstseins eher untergehen würden.

Meiner klinischen Erfahrung nach handeln so gut wie alle

Gewalttäter in Trance, indem sie nämlich zum Beispiel vollkommen auf eine Beleidigung fixiert sind, auf ihre Eifersucht oder auf einen Racheplan. Diese Fixierung bedingt verschiedene Nebeneffekte, zum Beispiel ein scheinbares Desinteresse an Menschen, die sonst wichtig waren. Dies Desinteresse wäre aber kein bleibendes, da es eben infolge einer Fixierung zustande kommt, die bewirkt, dass für geliebte Menschen oder wichtige Interessen einfach kein Bewusstseinsraum, keine mentale Ressource mehr da ist. Löst sich dieser Zustand auf – was mitunter nach einer Gewalttat der Fall ist –, so scheint der Täter zu »erwachen« und könnte nun komplexer wahrnehmen. Tut er dies, so sind oft emotionale Einbrüche die Folge; etwas, was man zum Beispiel von Mördern aus Eifersucht kennt. Doch es kommt auch vor, dass der innere Zustand, der die Gewalttat bedingte, nun künstlich aufrechterhalten wird, wobei er dann im Dienst einer Verdrängung jener katastrophalen Folgen steht, die die Tat hat.

Gewaltbereite Klienten erläuterten mir, dass sie häufig filmische innere Bilder erleben, in denen schon vorweggenommen wird, was kommen soll, sowie wiederkehrende stereotype Sätze, die innerlich wie ein Mantra gesprochen werden. Dies ist mehr als das Fantasieren, von dem Frank Robertz in seiner Studie zur gewaltvorbereitenden Rolle der Fantasie spricht. Beidem, dem filmischen Bild wie dem inneren Mantra, haftet nämlich durch die Trance-Verdichtung erhebliches autosuggestives Potenzial an; ein Potenzial, das aus anderen Feldern schon bekannt ist, wenn auch ohne den Trance-Aspekt und daher in einer harmloseren Variante. Boxer benutzen Autosuggestionen oft als Technik und suggerieren sich ein, ihr Gegner sei ein Hundesohn, ein Schwein, das Niederste und Gemeinste, bis sie sich imstande finden, ihn dann auch als nieder und gemein zu bekämpfen. Manche beziehen hierbei sogar das Publikum mit ein (etwas, wofür zum Beispiel Muhammed Ali bekannt war).

Wenn Täter nun auf die Frage, warum sie ihr Verbrechen verübten, erklären, sie wüssten dies nicht oder gar, sie wüssten gar nicht, was »da« mit ihnen los war – nun, dann stimmt dies oft insoweit, als sie in Trance handelten und später dissoziiert sind von dem, was sie machten. Die Aufgabe des Therapeuten ist es dann, mit diesem Anteil – mit dem, was der Patient nicht versteht – Kontakt aufzunehmen. Und beispielsweise zu untersuchen, was es denn möglich macht, dass ein Gefühl wie Hass in solch überdauernder Weise im Täter aktiv bleibt.

Doch bekanntermaßen kommt es beim Amoklauf nicht zum therapeutischen Gespräch im Anschluss an die Tat. Daher sind Analysen dessen, was der Amokschütze erlebt, nur eingeschränkt möglich. Meine bisherigen Ausführungen entsprangen den Erfahrungen, die ich mit Aggressiven und Gewaltbereiten habe. Rechne ich diese Erfahrungen mit dem zusammen, was wir über Amoktaten wissen, so spricht zumindest viel dafür, dass Amoktäter gleichfalls in Trance-Zuständen handeln. Darauf verweisen zum Beispiel die folgenden Aspekte:

- die Täter handeln auffallend klar und orientiert wie nach einem inneren Plan,
- die Täter sind kaum ansprechbar und wirken irgendwie unerreichbar,
- die Täter sind anscheinend weitgehend emotionslos,
- die Täter sind in ihrer Wahrnehmung nur aufs Töten ausgerichtet,
- die Täter scheinen selbst keine Todesangst zu empfinden.

Jeder dieser Einzelpunkte steht für eine spezifische Trance-Qualität. Das auffallend Planhafte erscheint mir als Folge eines inneren Films, der durch eine Vermischung von persönlichen Fantasien und medialen Abläufen hergestellt wird und vermutlich vor der Tat schon häufig abgespult wurde. Die Unansprechbarkeit und Emotionslosigkeit entsprechen der extremen Dissoziation, der Abspaltung also von den Mitwesen, durch die diese zu reinen Objekten werden können. Hierbei spielen Medien, wie wir noch sehen werden, eine wichtige Rolle. Die eigene Wahrnehmung nur aufs Töten auszurichten ist dann durch gesteigerte Fokusbildung möglich, einen Grundbaustein von Trance. Die Aufmerksamkeit wird dabei ihres sonst streuenden Charakters befreit und extrem gerichtet, ungefähr so, als bündle man Sonnenlicht mit einer Lupe. Es ist immer noch dasselbe Sonnenlicht – immer noch dieselbe Aufmerksamkeit –, aber infolge der Bündelung wird die Kraft, mit der es bzw. sie wirken kann, ungleich stärker.

Wie kommt es zu solchen Aufmerksamkeitsbündelungen? In der klinischen Arbeit entsteht sie, indem der Therapeut zum Beispiel den Blick des Patienten oder des Analysanden auf einen bestimmten Punkt richtet und dann die Konzentration auf diesen Punkt suggestiv unterstützt. Nach einer Weile treten andere Phänomene zurück, und wenn der Patient kurz darauf die Augen schließt, dann nimmt er die fokussierte Aufmerksamkeit mit nach innen.

Doch zu solchen Trance-Verdichtungen kann es auch anders kommen, durch die intensive Bindung an ein Gefühl oder eine Erfahrung, die dann autosuggestiv unterstützt wird. So etwas passiert zum Beispiel leicht, wenn Menschen von einer ständigen Angst geplagt werden oder unter einem beständigen Schmerz leiden. Die Aufmerksamkeit verdichtet sich auf einen Punkt hin – den Schmerz, die Angst oder auch das Objekt der Angst –, und in der Folge wird die Wahrnehmung der Mitwelt reduziert, wobei ganz unwillkürlich innere Monologe beginnen, die das Leiden am Schmerz oder die Angst dann zum Thema haben.

Eine Trance-Verdichtung besonderer Art bezieht sich auch auf die verletzte Ehre. Ähnlich wie ein Schmerz oder eine Angst wird die Ehrverletzung zum Zentrum einer inneren Wahrnehmung und erlaubt in der Folge nur eine sehr ausgedünnte Kommunikation mit der Mitwelt. Anders aber als bei Schmerz oder Angst tritt hier noch ein Aspekt hinzu, der nicht allein klinischen Charakter hat. Der, der die Ehrverletzung erfährt, ist nämlich nicht mehr allein auf den Grad seiner Verletztheit hin ausgerichtet, sondern auf die *Wiederherstellung der Ehre* zugleich. In diesem Fall ist er, anders als der Schmerzleidende oder die Angstgeplagte, verletzter Patient und Therapeut zugleich – ein Therapeut, dessen Medizin in der Rache besteht.

Verletzte Ehre als Motiv für Gewalttaten ist aus südlichen und südosteuropäischen Ländern sowie aus islamischen Kulturen bekannt. Doch das Phänomen stammt nicht dorther, es hat nur länger überdauern können. Voraussetzung dafür ist eine archaische Ordnung, die definiert, was Ehre ausmacht, wodurch sie verletzt wird und wie sie wiederherzustellen ist. Wir kamen in Kapitel III. unter dem Absatz »Archaische Gewalt« hierauf schon zu sprechen. Doch soll der Punkt hier in Hinsicht auf den überdauernden Hass, den ein Amokläufer in sich aufzubauen vermag, noch einmal neu beleuchtet werden.

6. Vom Hass

Hass verhält sich zu Wut wie – auf einer darunter liegenden, emotional noch geringer aufgeladenen Ebene – Groll zu Ärger. Hass ist ein ungleich komplexerer Affekt als Wut, da er beständige innere Prozesse voraussetzt. Wenn ich dies mit hypnotherapeutisch inspirierten Worten sage, lautet die Aussage so: Wut bewirkt wie jedes starke Gefühl einen Trance-Zustand, der durch Zeichen aufgerufen wird und einen verengten, einen verdichteten Blick mit sich bringt. Dieser Zustand löst sich meist nach kurzer Zeit, entweder durch eine Aktion (den berühmten »Befreiungsschlag«), eine unerwartete Zuwendung, die dem Wütenden den Wind aus den Segeln nimmt, oder aber durch etwas gänzlich Unpassendes, was den Zornigen irritiert, indem es ihm zum Beispiel zum Lachen bringt. Aus kindlichen Zeiten kennen die meisten Menschen das seltsame Gefühl, lachen zu »müssen«, wo sie noch zornig sein »wollen«. Würde nichts von alledem passieren, würde sich die Wut irgendwann von allein auflösen; man kennt den Begriff, dass sie »verraucht«. Diesen Begriff hat der Volksmund gut gewählt, denn er bringt die Wut als ein extremes Gefühl mit dem Feuer in Verbindung, und Feuer brennt, wenn es nicht weiter genährt wird, von selbst aus. Grundsätzlich lässt sich noch hinzufügen, dass extremere Gefühle (irrsinnige Hingabe, totale Wut oder panische Angst) von ihrer Natur her nicht auf Dauer angelegt sind, da sie den Organismus über Gebühr beanspruchen.

Was geschieht nun beim Hass, der sich als überdauernde, infolge charakteristischer innerer Prozesse aufrechterhaltene Trance darstellt? Zunächst einmal wird hier, wenn wir die Hitze der Wut zum Ausgangspunkt nehmen, die Temperatur heruntergekühlt und es kommt zu dem, was der Volksmund »kalte Wut« nennt. Diese ist von ihrer Natur her bereits auf mehr Dauer angelegt und gestattet darüber hinaus auch das Andocken von

Triebanteilen, von sadistischen Anteilen zum Beispiel. An dieser Stelle irren Autoren wie Hans Peter Waldrich, die von »blinder Wut« sprechen, denn blind ist die Wut des Amokläufers gerade nicht, vielmehr ist sie, indem sie zum Hass mutiert, sogar auffallend klar gerichtet.

Sodann wird das kalte Feuer innerlich genährt. Die Prozesse, die hierfür verwendet werden, sind zum Teil Kognitionen (also Datenverarbeitungen, wobei die Auswahl der Daten nun sehr selektiv erfolgt) und zum anderen Teil Autosuggestionen, bei denen, anders als bei der Datenverarbeitung, kritische Funktionen ausgeschaltet werden. Autosuggestion ist dem kritischen Überprüfen entzogen, denn ihr Ziel besteht ja darin, innere Wirklichkeiten zu formen, die jeglicher Kritik standhalten können.

Will man nun verstehen, wo das Motiv liegen könnte, so einen doch eher unangenehmen Zustand wie Hass aufrechtzuerhalten, so gelangt man zu den ständigen Imbalancen unseres Gehirns. Unser Gehirn ist in seinem Normalzustand nämlich ständig unbalanciert, was eine Folge seiner vielfältigen Funktionen ist. Beständig müssen zum Beispiel neu eintreffende Reize mit vorhandenen Daten abgeglichen und Stimmungen diesen neu angepasst werden. Wir alle streben daher immerfort zwar nach Stabilität, können diese aber nicht halten. Daher bleiben wir anfällig für alles, was Stabilität verheißt. Mal erreichen wir dies über emotionale Bindung, dann über die Festigung einer politischen Überzeugung. Doch nicht immer sind es konstruktive Faktoren, die die erhoffte Stabilität erzeugen. Auch Depressionen oder eben Hass vermitteln Stabilität und können so einem von fortwährenden Imbalancen heimgesuchten Menschen gewissermaßen pervertierte Anker liefern. Wenn Horst-Eberhard Richter unmittelbar nach den Anschlägen vom 11. September erkannte, dass man nun den Hass personalisiere, um ihn lenken zu können, dann trifft das hier den Kern. Nur dass der Amokläufer den Hass nicht auf eine Person allein richtet und auch nicht, wie ein Skinhead, auf bestimmte Gruppen. Sondern der Hass umfasst ein ganzes Feld, *sein* Feld, das Feld der ganz Normalen, die sich schlecht wehren können, und denen Lehrer wie Schüler, Kollegen ebenso wie Vorgesetzte angehören können. Mit einem

Überhang bei den weiblichen Opfern, der sich, wie wir fanden, vermutlich konflikthafter Sexualität verdankt.

Hass hat also etwas *Gemachtes*, er ist mehr eine komplexe innere Haltung als ein Gefühl. So bewirkt er weitere Veränderungen des Bewusstseinszustands – destruktive Trancen könnte man sie nennen. Die Verwendung dieses Begriffs umfasst unter anderem das Merkmal, dass ein Gewalttäter seine Lage nebst seinen potenziellen Opfern mit verengtem Blick, aber umso intensiver wahrnimmt. Gesteigert erlebt er seinen kalten Tatwillen, abgespalten (= dissoziiert) ist er von seiner Fähigkeit zum Mitempfinden. So zu spalten ist nichts Gesundes: Das DSM-IV betont in seiner Definition von Amok als einer kulturabhängigen Störung ausdrücklich den dissoziativen (= spaltenden) Charakter des Phänomens. Wir werden später anhand der Analyse der Rolle von speziellen Filmen noch klarer wahrnehmen, dass Dissoziation in unserer Kultur gegenwärtig geradezu gefördert wird. Allerdings, ohne dass die Verantwortlichen dies wahrzunehmen scheinen. Wenn ich in Vorträgen auf dies Phänomen zu sprechen komme, erlebe ich immer das überraschte Erschrecken meiner Zuhörer, wenn es auf diesen Punkt kommt – und zwar unabhängig davon, um welches Publikum es sich handelt.

Wo aber kommt es nun her, dies Gemachte? Wir erkannten, dass man das Phänomen »Amok« mit klinischen Kriterien kaum ganz zu fassen bekommt. Als blickten wir durch eine Scheibe hindurch, über die fortwährend Milch gegossen wird, können wir mal einen Arm als Arm, einen Schuh als Schuh identifizieren, ohne dass uns das doch die Merkmale der ganzen Gestalt enthüllen würde. Wie durch die Schlieren aber eine Gestalt unkenntlich wird, so vermögen auch Phänomene verwischt zu erscheinen, und man kann sie dann nur adäquat erfassen, indem man die Scheibe mit beschreibt. Was in diesem Fall bedeutet, dass wir Merkmale unserer Kultur mit betrachten müssen, um den modernen Amoklauf klarer zu sehen.

V. Massaker als gesellschaftliche Erkrankung

1. Eine amerikanische Krankheit

Jede Maßnahme hinsichtlich des modernen Amoklaufs erscheint verfehlt, die nicht die kulturellen und sozialen Bedingungen mitbedenkt, unter denen er entsteht. Wäre er wie manche andere psychische Gewaltakte kulturell einigermaßen gleich verteilt, so müssten wir die Kulturfrage nicht stellen. Dies ist aber nicht so; wir können den modernen Amoklauf gegenwärtig sogar sehr genau kulturell zuordnen: Er stellt sich mit beeindruckender Klarheit als ein zunächst amerikanisches (wobei ich Kanada mit hinzuzähle) und nun auch deutsches Phänomen dar. Nimmt man Amokläufe nicht als absolute Zahl, sondern misst ihre Häufigkeit in Relation zur Bevölkerungsdichte, dann steht Deutschland den USA inzwischen sogar schon recht nahe. Andere Länder wie Belgien, Finnland und Schottland liegen massaker-statistisch weit unter diesen beiden, weisen aber jeweils einzelne Amok-Ereignisse auf.

Man mag hier einwenden, der Fall des Hauptlehrers Wagner, den wir im ersten Kapitel betrachteten, zeige doch, dass der Amoklauf hierzulande auch vor etwa hundert Jahren schon vorgekommen sei. Dies, könnte man folgern, belege nun, dass aktuelle Verteilungszahlen nur wenig besagten und es daher unzulässig sei, den kulturellen Hintergrund Amerika zuzuordnen. Das ist aber falsch. Denn der Fall des Hauptlehrers Wagner entspricht noch dem »echten« Amoklauf, bei dem der Täter aus dem wahnhaften Gefühl des Ehrverlusts heraus spontan und wahllos mordet. Der moderne Amoklauf dagegen zeichnet sich durch etwas aus, was wir in dieser Form nicht kannten: kalte Planung, technische Effizienz und Training.

Der moderne Amoklauf ist also sowohl ein neues Phänomen als auch ein Kulturereignis. Seine Anbindung an die Vereinigten Staaten ist ziemlich eindeutig, und vermutlich breitet er sich als kulturelle Erkrankung dort besonders leicht aus, wo ihm an kultureller Identität wenig entgegensteht. In Deutschland zum

Beispiel, wo die kulturelle Identität infolge des Zweiten Weltkriegs gebrochen ist, ist er uns kulturell sogar dermaßen nahe, dass die Betrachtung von Amokläufen als bloßen Einzelfällen nicht anders als »Verdrängung« genannt werden kann. Dieser Verdrängung werden wir auf den folgenden Seiten begegnen, wenn wir den gesellschaftlichen Zusammenhängen nachgehen, die für den modernen Amoklauf zumindest mitbestimmend sind.

Horst-Eberhard Richter schrieb einmal über die mutmaßliche Zunahme von Gewalt in unserer Gesellschaft, im Kontrast zum früheren Zeitgeist (dem der Ära Willy Brandt nämlich) habe heute der destruktive Gegenspieler des Eros (gemeint war Thanatos, in den Modellen der Psychoanalyse der Todes- oder Destruktionstrieb) die Vorherrschaft erlangt. In der Tat, auf diese Idee könnte man kommen. Näheres Hinsehen allerdings führt zu der Erkenntnis, dass es so einfach doch nicht ist. Denn die Bedrohung insbesondere durch sadistische Gewalt war in den 70er-Jahren keineswegs kleiner als heute, möglicherweise sogar größer. Jedenfalls, wenn man den Statistiken folgt.

Was sich freilich geändert hat, das ist das Gesicht der Gewalt. Und was sich ebenfalls geändert hat, das ist die Toleranzschwelle, mit der wir auf Gewalt reagieren. Wer wie ich seine wesentlichen Prägungen in den 70er-Jahren erfuhr, wird vielleicht auch ähnliche Erinnerungen an Pausenhof-Gewalt haben. Ich erinnere Prügeleien, die heute keineswegs geduldet würden. Doch in meiner Erinnerung standen auch Lehrer herum, ohne einzugreifen. Folgen der 68er-Annahme, dass durch Gewährenlassen sich schon etwas regeln werde? Vielleicht. Vielleicht aber auch einfach mehr Gleichgültigkeit. Doch ist auch bekannt, dass zwischen der friedfertigen, hedonistisch oder moralisch geleiteten Haltung auf der einen und der aggressiv-konkurrierenden, zwischen Ausweitungswunsch und Abreaktion pendelnden Haltung auf der anderen Seite so etwas wie ein Wipp-Verhältnis wirkt. Niemals bleibt eine Seite gewichtig genug, um das Wippen zu beenden. Die Hippie-Ära hatte die *Hell's Angels* zur Parallele und mündete überdies geradewegs in deren Mordtat von Altamont sowie das Massaker an Sharon Tate, begangen von Charles Manson und seiner »*family*«. Umgekehrt wurden die konkurrenzorientierten 80er-Jahre, denen nichts Softes anhaftete, von der Friedensbewegung kontrastiert.

Gewalt, die in einer Gesellschaft entsteht, kann sich immer auf zwei Quellen berufen. Die eine ist die des Verdrängten – wo die Hippies in der Lage waren, Aggression als Bestandteil der menschlichen Psyche zu ächten, da zeigte sie alsbald ihr hässliches, keiner Sache als dem eigenen sadistischen Spaß dienliches Gesicht. Die andere ist die der von dieser Gesellschaft selbst praktizierten Gewalt in ihren verschiedenen Ausdrucksformen, also der Gewalt, die sie im Wirtschaftsleben erlaubt, der Gewalt, die sie medial vermittelt und jener Gewalt, die sie durch Gesetzgebungen zumindest ermöglicht.

Auf den folgenden Seiten werden wir jedem dieser Aspekte nachgehen. Erst danach werden wir die tieferen, im kulturellen Bewusstsein eher grundsätzlich verankerten Zeichen lesen können, die im Amoklauf wirksam sind. Beginnen wir aber zunächst mit den Charakteristika, die den Amoklauf auf der Oberfläche begleiten und sein Zustandekommen begünstigen. Dabei will ich noch betonen, dass ich den Begriff »Oberfläche« hier niemals verkleinernd oder gar abwertend meine (im Sinne von »oberflächlich« also, was so viel wie »belanglos« hieße). Vielmehr ist die Oberfläche einer Kultur für mich einfach nur das, was jeder sehen kann, der gewillt ist, näher hinzuschauen. Und was vielleicht gerade durch seine Offensichtlichkeit Gewöhnungs- und Tolerierungsprozesse zur Folge hat, durch die wir eben nicht mehr aufmerksam werden.

Vereinfacht gesagt, entsprechen Teile des Amok-Verhaltens einer Radikalisierung dessen, was unsere Kultur und unser System kennzeichnet. Sowohl der Kapitalismus in seiner globalisierten Variante als auch die Kultur des Sehens und Gesehen-Werden-Müssens sind hierbei verdächtig, mentale Modelle bereitzustellen. Stellen wir diese einmal probeweise und noch holzschnittartig zusammen:

- der Täter missachtet das Recht anderer und »macht seinen Schnitt«,
- der Täter gewinnt mediale Aufmerksamkeit,
- der Täter drückt seine Verachtung aus für jene, die schwächer sind,

- der Täter geht als Gewinner aus einem Spiel, das er eigentlich verloren haben müsste,
- der Täter braucht keinen sozialen Abstieg und keine Demütigung mehr zu fürchten.

Jeder dieser Punkte enthüllt auf etwas perverse Weise eine echte Motivation – pervers deswegen, weil der gesellschaftliche Bezug unübersehbar ist. Genügt das aber, um die Zusammenhänge zwischen Amoklauf und gesellschaftlicher Struktur zu erkennen?

2. Das zweifache Bedingungsgefüge sozial relevanter Erkrankungen

Wenn man ein gesellschaftlich relevantes Erkrankungsphänomen verstehen will, dann betrachtet man es am besten auf zwei Weisen. Die eine ist die Betrachtung der Oberfläche, die andere die des unter der Oberfläche Wirksamen. Ich will dies nicht reduktiv verstanden wissen, für keine der beiden Zonen. Vielmehr ist ein Verständnis der einen ohne die jeweils andere der beiden Zonen nur schwer möglich. Metaphorisch gesprochen, haben wir es einmal mit dem zu tun, was man *gesellschaftliche Wellen* nennen könnte. Diese Wellen sind eine Metaphorisierung dessen, was wir eben die »Oberfläche« nannten, nur dass wir in der Metapher noch zusätzlich die Dynamik mitberücksichtigen. Denn Wellen entstehen durch Wind, und der Wind ist das, was in einer Gesellschaft aktuell »weht«.

Sodann aber haben wir es bei Phänomenen wie dem Amoklauf auch mit einer *kulturellen Unterströmung* zu tun. Wer einmal am Meer in eine Unterströmung hineingeraten ist, weiß, wie sie wirkt. Unterströmungen sieht man nämlich nicht, man bemerkt sie immer erst, wenn man bereits hineingeraten ist. Dann aber sind sie überaus wirksam, sie lassen uns abtreiben, jeglicher Anstrengung zum Trotz. Unterströmungen als Metapher bedeuten hier also jene Wirkungen, die an der Oberfläche einer Gesellschaft nicht oder nur sehr schwer abzulesen und durch die Betrachtung des Alltags und das Studium von TV oder aktuellen

Zeitungen allein nicht zu erkennen sind. Sie wirken im Unbewussten einer Kultur und erfordern, dass wir die Bilder analysieren, die eine Kultur prägen. Dies ist so etwas wie eine tiefenpsychologische Praxis, denn die relevanten Bilder zu finden, die das unbewusste Leitsystem einer Kultur prägen, verlangt eine Art analytisches Gespür ganz wie in einer Psychotherapie, bei der wir aus einer Vielzahl von Träumen die entscheidenden Linien herauslesen und -präparieren.

Was ist nun Wellengang und was Unterströmung im Fall des Amoklaufs hier und in den USA? Nun, das Wellenspiel der Oberfläche betrifft alle jene Themen, die im Zusammenhang mit dem Amoklauf diskutiert werden. In erster Linie sind dies die Rolle zeitgenössischer Medien, vor allem der Computerspiele, aktuell wirksame Tätermodelle, die Zugänglichkeit von Waffen in unserer Lebensform sowie die Rolle von Drogen, zu denen ich auch Medikamente wie das Fluoxetin rechne.

Man erkennt: Die Phänomene des Wellengangs sind in aller Munde, denn da sie leicht zu erkennen sind, so beherrschen sie natürlich die Diskussion. Anders ist es mit der Unterströmung. Diese wird gegenwärtig nicht nur wenig, sondern überhaupt nicht diskutiert. Das hat Gründe. Würde sie berührt, so hätten wir uns nämlich mit ein paar ausgesprochen unangenehmen Fragen auseinanderzusetzen. Eine wäre zum Beispiel die, inwieweit wir es mit dem Täter anstatt mit einem Outsider, nicht sogar mit einem sozial besonders angepassten Typus zu tun haben – einem, der erkannt hat, worauf es ankommt. Eine andere würde dahin gehen zu bestimmen, welche mythischen Bilder im Täter wirksam sind, wobei mythisch hier nichts Religiöses meint, sondern das gehöhte Bild eines Archetypus, der kulturell wirksam ist. Fragen dieser Art werden wir im Folgenden nachgehen, und es wird unser Ziel sein, die Stürme und Wellen an der Oberfläche und die Unterströmung gleichermaßen im Blick zu behalten; eine lohnende Arbeit, denn wir werden finden, dass zwischen ihnen an mehr als nur einer Stelle ein Zusammenhang besteht.

Beginnen wir mit der Betrachtung der Oberfläche. Es ist ganz augenscheinlich, dass Amoktäter auf der Oberflächenebene Kinder ihrer Zeit sind. In der Regel gucken sie gern Filme, in denen Gewalt eine wesentliche Rolle spielt, und es gibt kaum eine

Ausnahme davon, dass sie auch jene Computerspiele spielen, die als gewaltverherrlichend bekannt sind und deren spezielle Bedeutung wir in Kapitel VII. noch näher untersuchen werden. Auch dürfte bekannt sein, dass der Zugang, den sie zu Waffen haben, keiner kriminellen Wege bedarf, sie profitieren einfach davon, dass sie Verwandte mit der Zulassung für Schusswaffen haben, was ebenfalls ein Oberflächenphänomen darstellt, denn die Waffenpraxis eines Landes ist ebenso wie die Medienpraxis dieses Landes in den Verbrechen, die dies Land hervorbringt, wirksam.

Bleiben wir, um die Rolle der Oberflächenphänomene besser zu begreifen, einmal bei den Waffen. Wenn die Frage gestellt wird, inwieweit die Zugänglichkeit von Waffen Amokläufe begünstigt, stehen die Befürworter restriktiverer Maßnahmen jenen gegenüber, die erklären, wenn schon die Täter schwer bewaffnet seien, dann sollten die potenziellen Opfer sich auch schützen dürfen. Denn wer schützt sie sonst? Der Staat kann es nicht, eine Dauerpräsenz von Polizei oder anderen Security-Kräften in Schulen überstiege das Machbare, und hinzu kommt die Erkenntnis, dass auch diese Präsenz kaum eine Sicherheit bietet angesichts von zu allem entschlossenen Killern, denen der eigene Tod wenig bedeutet. Stellt Argumentationslinie eins das dar, was wir als europäische Tradition ansehen können, so hängt die zweite Linie eher der amerikanischen Tradition an.

Nun ist eins klar: Wo keine Waffen sind, da kann man keine benutzen. Die Morde von Winnenden haben nachdrücklich gezeigt, dass die Präsenz von Waffen und scharfer Munition im elterlichen Heim natürlich genutzt wird, wo Mordpläne bestehen. Und tatsächlich ist dies eine Konstante, die erklärt, warum hinsichtlich der Verfügbarkeit von Waffen zwischen Amerika (wo man leicht an Waffen kommt) und Deutschland (wo man Waffen nicht »einfach so« kaufen kann) bei Amokschützen kein Unterschied besteht. Statistisch ist deutlich: Beide Tätergruppen, die amerikanischen wie die deutschen Amokläufer, hatten ihre Tatwaffen aus dem engsten Kreis, von Eltern oder Verwandten genommen.

Kann man aber so weit gehen zu sagen, die Präsenz von Waffen fördere die Neigung zur Gewalt auch? Und wird, andersherum betrachtet, nicht ein potenzieller Täter schon wissen, wo er sich Waffen besorgen kann? Wer immer eine Weile an einem Ort wohnt, kann doch wissen, wo der Handel läuft. Ich habe zum Beispiel meine klinischen Praktika in zwei deutschen Kleinstädten gemacht und die Abende zum Ausgleich zur klinischen Tätigkeit eher in Subkultur und Underground verbracht. Neben dem Umstand, dass ich dabei auf viele stieß, die in jenen Einrichtungen, in denen ich praktizierte, bereits Gäste gewesen waren, war der Umstand beachtenswert, dass ich schon nach kurzer Zeit wusste, an wen ich mich hätte wenden müssen, wenn ich das Bedürfnis gehabt hätte, mir eine Waffe zu besorgen.

Doch es ist wohl wie mit der Erreichbarkeit von Drogen – den harten Kern schrecken Beschaffungsprobleme und selbst drastische Strafen ohnehin nicht ab. Die latent Gefährdeten allerdings werden mitunter schon abgeschreckt, und diejenigen, die zwar nicht primär gefährdet sind, aber vielleicht zum Dunklen verführbar, werden ohne die Präsenz von Waffen eindeutig weniger leicht verführt. Und das bedeutet nicht weniger, als dass der Kreis der potenziellen Täter durch die Verfügbarkeit von Waffen größer wird.

Interessant ist, dass auch Medien ein Interesse an der Amokwaffe zeigen. So verdienstvoll es war, dass Zeitschriften wie der »Stern« oder »Focus« nach dem Massaker von Winnenden die Ermordeten zeigten und damit dem Tod Gesichter gaben, so kontraproduktiv war das Abbilden des Schützen und so hässlich war das Abbilden der Beretta 92 mit Blutresten in Großaufnahme über zwei Seiten (so zu sehen im »Focus«, Heft 12/2009, S. 20-21). Als wäre die Waffe der Star in einem *school shooting-movie* nahm sie im Heft Platz und bannte die Augen des Betrachters mit Stahl und mit Blut. Jene Position, nach der der Täter mit seinen doch eher angepassten Wünschen strebt, hatte sein Werkzeug eingenommen.

Der »Focus« ist kein Blatt der Rebellen – eher schon eines für die konservativ-angepasste Leserschaft, die an gesellschaftlichen Hierarchien hängt und immer gern weiß, welcher Professor für Orthopädie oder für Steuerrecht gegenwärtig in Ratings von Kollegen ganz oben angesiedelt wird. Daher erscheint es kaum als ein Zufall, dass ausgerechnet hier die Waffe den Hype bekommt

– ist sie doch der eigentliche Gewinner jeden Amoklaufs. Und natürlich hütet sich der »Focus« auch, die Frage nach der legalen Zugänglichkeit von Waffen deutlicher zu stellen, kann er doch darauf rechnen, dass ein guter Teil seiner Leserschaft wohl zu den legalen Waffenträgern gehört. Ihnen aber, den Angepassten und kulturell Genormten, ist der Amoktäter in gewisser Weise näher als jenen, die die Gefängnisse bevölkern – eine These, der wir nun nachgehen werden, wobei wir uns allmählich der gesellschaftlichen Unterströmung annähern. Wir beschreiben dabei einen Umweg, der uns zunächst den angepassten Schurken anderer Zeiten nahe bringt.

3. Der angepasste Täter

Als ich einmal während einer Seminarvorbereitung von den Folterungen las, die Gilles de Rais an Kindern vornahm, wiederholte sich in meinem Kopf immer wieder nur der Satz »Ich sterbe«. Zu schlimm war, was ich da las – ich wollte das nicht mehr wissen, nicht mehr gelesen haben. Ich war lesend in eine Art Starre gefallen, die mir das Fortsetzen meines therapeutischen Geschäfts für diesen Tag fast unmöglich machte. Eine solche Schreckstarre stellt ebenso wie die häufigen Wünsche, es möge dem Täter doch bitte ebenso schrecklich ergehen, eine Abschirmreaktion dar, die uns selbst zu sichern versucht. Zu fern, zu abartig ist das, mit dem wir hier konfrontiert werden – und unser fassungsloses Entsetzen reflektiert dies Monströse und die Monstrositäten der Morde gleichermaßen.

Auch beim Amoklauf sind wir entsetzt. Doch erleben wir gegenüber dem Amoktäter die Rachewünsche nicht mehr oder nur reduziert, denn gewöhnlich ist er ja bereits tot. Wohl aber erleben wir die Schreckstarre. Sie mag sich da erneuern, wo wir dem Umstand ins Auge sehen, dass wir den Amoktäter nicht mit den vertrauten sozialpsychiatrischen Kategorien anschauen können, denn bis heute gibt es keinerlei Hinweis darauf, dass die Täter aus Problemfamilien stammen. Ein guter Teil von ihnen entstammt vielmehr Strukturen, die als vollkommen durchschnittlich gelten können.

Auch Gilles de Rais war kein psychopathischer Outsider, und hier liegt der Grund dafür, dass ich überhaupt auf ihn zu sprechen komme. Dieser monströse Mensch nämlich gehörte durchaus zur guten, ja, zur besten Gesellschaft – er war zum Beispiel Weggefährte von Jeanne d'Arc. Dieser Umstand weist darauf hin, dass das Grauen manchmal mitten aus der Zone der Etablierten stammt, dass es also einen Teil dessen gibt, was, gesellschaftlich eingebaut, an Bedrohung konserviert werden konnte. Das heutige Äquivalent dazu könnte der Serienmörder und -folterer aus Bret Easton Ellis' »American Psycho« sein; ein erfolgreicher, extrem markenorientierter Mann der Wirtschaft, der aus einem dunklen Gefühl der Leere und Entfremdung heraus seine Folterexzesse begeht. In beiden Fällen begegnen wir dem verstörenden Umstand, dass eine Person angepasst sein kann und dennoch ein Ungeheuer, dass sie also nicht oder nicht mehr jenem Bild entspricht, das wir uns vom Täter gezeichnet haben.

Das Monster lebt gleich nebenan – das ist eine alte Wahrheit. Sie bestätigt sich einmal mehr im Fall der modernen Amokläufe. In der Darmstädter Studie der Forschergruppe um Jens Hoffmann, Karoline Roshdi und Frank Robertz kam man zu dem Schluss, 80 Prozent der modernen Amokläufer in Deutschland und den Vereinigten Staaten stammten aus stabilen Familienverhältnissen. Und wer einen Blick in die Kriminalgeschichte wirft, kann schnell feststellen, dass das Monster nicht nur normal sein kann, sondern sogar manchmal auf der sozialen Karriereleiter weit oben steht.

Wenn hier die Frage entsteht, was denn ein Ungeheuer wie Gilles de Rais mit einem modernen Amokläufer gemein hat und wieso ich Ersteren hier beispielhaft heranziehe, so liegt der Grund hierfür in der Analyse der Unterströmung. Natürlich ist ein sadistisch motivierter Serienkiller und Folterer etwas vollkommen anderes als ein Amokschütze. Er ist mit diesem allerdings über ein Moment verbunden, das Moment der gesellschaftlichen Angepasstheit. Der Unterschied ist nun der, dass dem Amokläufer seine Anpassung nicht gelingen will, obschon er sie doch ersehnt. Etwas in ihm *ist* anders, mag es die an der Bewusstseinsschwelle peinsam fordernde Homosexualität sein oder seine Fantasiebildung hinsichtlich dessen, was er sei und wofür er stehe. Und dies andere ist es, was die Anpassung verhindert und – dies weiß er wohl – auch weiterhin verhindern wird.

Betrachtet man die Bilder von Amokläufern der letzten zehn, fünfzehn Jahre aus Amerika und Deutschland, so sieht man durchschnittliche Gestalten, die nicht weiter auffallen. Einige sind durchaus hübsch, andere gröber, aber das bewegt sich im Rahmen. Keiner – oder nur wenige – geben einem das Gefühl, es hier mit einem Monster zu tun zu haben. Das erinnert in einem fatalen Maß an jene berühmte »Banalität des Bösen«, mit der Hannah Arendt im Zusammenhang mit dem blass-beamtenhaften Auftreten Adolf Eichmanns sprach. Aber trifft diese Assoziation hier auch zu?

Nicht ganz. Denn wohl erlebt man den Angepasstheitsgrad der Täter auf der einen Seite. Auf der anderen Seite erahnt man aber, dass diese Anpassung nicht ganz, nicht ausreichend funktioniert hat. Mein amerikanischer Kollege Stephen Gilligan glaubt, dass die äußerste Form des Kapitalismus darin bestehe, auch die eigenen Gefühle besitzen zu wollen. Das immerhin ist auch neu, denn die Unterworfenheit unters Gefühl wird sonst gern als Kennzeichen der Ausweglosigkeit verzweifelter Menschen genommen. Wenn ich nun meine Gefühle »haben« will und dann auch mit ihnen anstellen werde, was ich will – was »will« ich dann eigentlich noch, was kann ich wollen? Und wie hängt das, was ich wollen kann, mit dem zusammen, was eine Gesellschaft toleriert und erlaubt?

4. Tolerierte Gewalt

Eben habe ich ein Bild betrachtet, auf dem man einen sitzenden Kongolesen neben der abgehackten Hand seiner 5-jährigen Tochter sieht. Ja, Sie lesen richtig – das Foto ist ca. 100 Jahre alt und es stammt aus der Zeit, in der die belgischen Kolonialisten schwarze Arbeiter, die nicht genug Kautschuk zapften, auf diese Weise zu bestrafen pflegten.

Was so unerhört grausam erscheint: Das koloniale Handeln

war legales Handeln, es war keineswegs verboten – man könnte entschuldigend allenfalls einwenden, die Mehrzahl der Bewohner der Kolonialmächte habe davon wenig gewusst. Und doch: Das brutale Ausschlachten des Kongo gehörte zu den Anweisungen des belgischen Königs Leopold II. – sodass alles, was in diesem Namen geschah, den Status der Legalität besaß. Und allein der Umstand, dass Fotos dieser Art existieren, verweist ja darauf, dass man es nicht sonderlich heikel fand, Gräuel der Öffentlichkeit preiszugeben.

Vermutlich gibt es immer und in jeder Kultur eine Ebene der Gewalt – auch der brutalen Gewalt –, die still geduldet wird. Wo aber mag diese für uns Heutige liegen? Erlauben wir irgendwem, Kindern die Hände abzuschlagen? Sitzt unter unseren Regierenden ein Gilles de Rais am Tisch? Nein, wohl nicht – hoffentlich nicht. Aber anders herum: Wissen wir denn wirklich, was in jenen Nähereien stattfindet, deren Produkte wir gern und billig kaufen? Müsste es uns nicht doch interessieren, ob die Plastikautos, die wir günstig mitnehmen und die in China gefertigt wurden, vielleicht aus einem Straflager stammen, und ob dabei womöglich Folter im Spiel war?

Man ahnt – wir sind früheren Zeitaltern näher, als uns lieb sein kann. Die erlaubte Grausamkeit, die tolerierte Brutalität, sie rückt allenfalls weiter weg oder ereignet sich so, dass unsere Fantasie Mittel finden kann, den Schmerz des Mitempfindens klein zu halten. Wo aber liegt denn, wird man fragen, nun der Bezug zum Amoklauf? Gilles de Rais war in der Sprache des Heute ein perverser Serienkiller, Leopold II. ein skrupelloser Chef, der in die eigene Tasche wirtschaftete, so viel er nur konnte. Dass es vergleichbare Strukturen immer noch gibt – irgendwo –, mag stimmen und ist selbstverständlich schrecklich. Aber bitte – wo ist der Amokläufer? Und was hat die tolerierte Gewalt vollkommen anderer Sphären mit ihm zu tun?

Nichts Unmittelbares. So viel ist richtig. Aber doch Mittelbares. Denn was der Täter lernen kann, das ist, dass seine Mitwelt gerade so wie er durchaus in der Lage ist, das Mitgefühl herunterzufahren und die Existenz des Leidens partiell zu ignorieren. Dabei ist dies noch nicht einmal sonderlich kritisch gemeint – es geht einfach um unser aller Verlogenheit, die womöglich zu 100

Prozent nie verschwinden wird, die sich aber – und es ist Arbeit genug – zumindest reduzieren ließe. Wo wir aber schweigend ertragen, dass die Leitung eines großen Konzerns in Nebensätzen fallen lässt, auch Wasser müsse, da in Zukunft ein begehrter Artikel, einen Marktpreis bekommen, der dafür zu entrichten sei – was in der Konsequenz nichts anderes bedeutet, als mit dem Verdursten derer zu operieren, die diesen Preis dann nicht bezahlen können – wo wir diese Nachricht vielleicht sogar nicht besonders aufregend finden, da erfährt der potenzielle Täter zweierlei:

- *erstens*, dass die Toleranzgrenze für strukturelle Gewalt speziell im wirtschaftlichen Rahmen beträchtlich ist,
- *zweitens*, dass man andere Formen der Gewalt nutzen muss, wenn man Aufsehen erregen will, und die Gewalt zum Beispiel gegen Kinder, gegen Alte oder Behinderte hat stets breite Empörung zur Folge.

Der verbreitete Wunsch, es möge doch einen und nur einen Faktor geben, der den Amoklauf triggert, und eliminierten wir diesen, dann wären Amokläufe kein Problem mehr; dieser Wunsch wird unbefriedigt bleiben. Denn es ist zu unterscheiden zwischen jenen Elementen, die den Amoklauf inspirieren, jenen, die ihn motivieren und endlich denen, in deren Klima er gedeiht – und jedes dieser Elemente ist wesentlich, wie wir in den letzten Kapiteln noch finden werden, wenn wir die Faktoren untersuchen, die individuell, institutionell und kulturell zu bearbeiten sind, um den Amoklauf künftig aus unserer Mitte vielleicht wieder zu verbannen.

Formen der Gewalt bilden untereinander so etwas wie ein Netz, eine Kanalisation, könnte man sagen, Kanäle, durch die das gesellschaftliche Exkrement treibt. Einige dieser Kanäle dringen bis zur Oberfläche vor – zu ihnen gehört der Amoklauf. Andere bleiben im Verborgenen – jene, von denen wir eben sprachen. Immerhin bereitet die tolerierte Gewalt doch den Boden mit, auf dem dann die verbrecherische Gewalt gedeiht. Und so fragt es sich, wo vielleicht die Verwandtschaften bestehen zwischen jenen, die für die zugelassene, die tolerierte Gewalt stehen, und ihnen, den anderen, die das Thema dieses Buchs darstellen.

5. Gewalt und Tabu

Jede Kultur träumt ihre Träume und stellt ihre Verheißungen in den Raum. Die unseren hat Andy Warhol mit dem oft zitierten Satz, jeder werde in absehbarer Zeit für 20 Minuten berühmt sein, umrissen. Geschärft wurden sie dann in einer Lebenspraxis, die dem einzelnen Helden mit dunkler Vergangenheit einen einzelnen Star mit kurz aufgleißender Gegenwart an die Seite stellte. Als die destruktive Melange dieser beiden Kulturströme können wir den modernen Amoktäter ansehen, der das einmalige Im-Mittelpunkt-Stehen mit der düsteren Komponente eines unklaren Herkommens verbindet.

Im Amokläufer wirkt etwas, das wir den Willen zur dominanten Normalität nennen können. Normal zu sein und also dazuzugehören ist dabei der erste, der primäre Wunsch. Ihm folgt das Bedürfnis nach Bestimmen und nach bedeutsamer Position – nach Dominanz. Drückt sich der erste Wunsch in der Unauffälligkeit aus (dem In-der-Gruppe-Verschwinden ohne jedes besondere Styling oder andere exzentrische Selbstausdrucksformen), so wird das zweite Bedürfnis zunächst in den Computerspielen und in der Orientierung auf Waffen hin gelebt. Erst wenn nach und nach deutlich wird, dass die Bedürfnisse nicht verschmelzbar sind und der potenzielle Täter spürt, dass er die besondere Position real nicht bekommen wird, während er zugleich auch niemals wirklich dazugehört, erst wenn dies in ihm aufscheint, mutiert er zum werdenden Täter – zunächst in der Fantasie, später in der Planung und dann im Vollzug.

Gewalt anzuwenden ist ein gutes Mittel, wenn ein Mensch berühmt werden will. So einfach dieser Satz ist, so hässlich ist er auch. Und wahr ist er leider auch. Sogar noch seine Steigerung ist wahr, wenn wir nämlich sagen, dass der Berühmtheitsfaktor mit Feigheit und der Bösartigkeit der Tat mit einiger Sicherheit noch steigen wird, denn öffentliches Entsetzen ist ein Trigger der nachfolgenden Berühmtheit des Täters. Dass hier zwischen »berühmt« und »berüchtigt« nicht weiter unterschieden wird, ist ein Zeitmerkmal. Der Wahlspruch der Werbeindustrie – *call me, pig, but call me!* – hat uns längst kollektiv davon abgebracht, zwischen Ruhm und Ruch, zwischen Aufmerksamkeit aus Bewunderung und Aufmerksamkeit aus Ekel noch verlässlich zu unterscheiden.

Romane und Filme, in denen sich der Zeitgeist fängt, vermögen das Verhältnis zur legalen Gewalt zu illustrieren und romantisch zu verbrämen. So wird in Stephenie Meyers »Biss«-Serie (»Twilight«, »New Moon« usw.) zunächst nur eine Schauer-Liebesgeschichte erzählt, die mit viel Süße aufbereitet wurde. Dazwischen aber gibt es kompositorische Mittel, die tiefenpsychologisch interessant sind. Zum Beispiel wird zwischen Vampiren, die sich nur von Tieren ernähren, und solchen, die Menschen jagen, unterschieden. Die ersteren nennen sich Vegetarier, da sie einen Verzicht üben. Aber natürlich saugen auch sie Blut, es liegt ja in ihrer Natur. Doch ist nicht möglicherweise in den romantischen Zügen des Buchs eine ganz puritanisch-kapitalistische Grundidee verborgen? Dass es nämlich ganz großartig sei, wenn man ein Blutsauger ist, solange man es nicht zu weit treibt?

Diese Aussage wäre übersteigert, würde sie vor einem anderen Hintergrund getroffen. Der naheliegende Einwand, die meisten von uns seien doch Fleischesser und also den »vegetarischen« Vampiren ähnlich, verpufft angesichts der Chiffre »Blut saugen«, die für uns auch im wirtschaftlichen Sinn mehr bedeutet, als bloß Tierfleisch zu sich zu nehmen. Blut saugen, das ist genau das, was manche wirtschaftliche Strukturen in Form jener legalen Gewalt praktizieren, die wir weiter oben schon erkannten. Insofern sind die modernen Vampir-Bücher der Stephenie Meyer zugleich zeitdiagnostisch interessant, ebenso wie dies zuvor die Harry-Potter-Bücher waren, in denen die Zahl derer, die die »dunklen Künste« toll fanden, von Band zu Band zu steigen schien.

Man erkennt, dass die Tabuzone »Gewalt« gegenwärtig in vielerlei Weise unterhöhlt und infrage gestellt wurde. Zeitgeistromane und -filme sind bei der Analyse solcher Wandlungen wertvoll, denn sie helfen, Unterströmungen zu erkennen. Freilich gelingt dies nur da, wo wir nicht bei ihnen stehen bleiben und rechtzeitig den Transfer zur realen Welt unternehmen. Daher verlassen wir hier die Zone der Symbole und der *Fantasy*-Welten, von deren Bedrohungen man sich ja leicht frei machen kann, um uns Zonen zuzuwenden, bei denen das nicht so leicht der Fall ist. Es handelt sich um Zonen, in denen das, was man »Blutsaugen« nennt, auf andere Weise praktiziert wird.

6. Amoklauf und Management

Eine Kienbaum-Studie, geleitet von dem Betriebswirt und Psychoanalytiker Rolf Berth und durchgeführt an 437 Führungskräften, erbrachte den Befund, dass zwei Drittel der Befragten unter Störungen litten, die man »neurotisch« nennen konnte, ein Prozent erwies sich sogar als schwer gestört. Ungefähr zeitgleich mit dieser Studie publizierten die Psychologen Jürgen Hesse und Hans-Christian Schrader ihr Buch über die »Neurosen der Chefs«. Liest man die beiden Arbeiten, so drängt sich der Eindruck auf, dass vor allem narzisstische Problematiken auf dem Führungssektor bildbestimmend sind – was amerikanische Studien, etwa die Arbeit von Howard S. Schwartz, bestätigen.

Man muss als klinisch erfahrener Leser solche Studien mit einer gewissen Nachsicht lesen, denn sie halten in ihrer Begrifflichkeit klinischen Kriterien selten stand. So ist zum Beispiel der Begriff »Neurose« hier sehr unpassend gewählt, denn ausgeprägte narzisstische Züge sind weit eher Merkmale einer Persönlichkeitsstruktur – oder im schlimmeren Fall auch einer Persönlichkeitsstörung. Auch wird man in Rechnung stellen müssen, dass ein Untersucher wie Berth, der zugleich Fortbildungen und Events fürs gehobene Management anbietet, seine Klientel sicher milde auf ihre Defizite aufmerksam machen, aber dabei gewiss nicht allzu hart mit ihr ins Gericht gehen wird. Sodass die erhobenen Daten, die auch so schon krass genug sind, in einem anderen Zusammenhang betrachtet noch zu erheblich schlimmeren Diagnosen führen würden.

Immerhin aber gilt: Ob man problematische Chefs nun eher zum Gegner erklärt (Hesse und Schrader) oder ob man versöhnlich auf ihrer Seite steht (Berth), der Befund bleibt doch im Raum. Er lautet: Wir finden Störungsbilder im Management. Und zwar gehäuft. Und es ist ausgerechnet der Begriff des pathologischen »Narzissmus«, hinsichtlich dessen sich die Profile der untersuchten Manager mit denen moderner Amokläufer decken.

Nun wird man sagen, dass Narzissmus doch so etwas wie eine Zeiterscheinung sei, und eine Zeiterscheinung könne man schwerlich einer Berufsgruppe anlasten, geschweige denn, sie dort klinisch bedeutsam machen. Das ist aber falsch. Denn so gewiss es ist, dass narzisstische Phänomene unsere gegenwärtige Kultur prägen, so gewiss ist es auch, dass der extreme Narzissmus auf dem zwischenmenschlichen Feld eine Gefahr bedeutet. Und dass es daher von einiger gesellschaftsdiagnostischer Aussagekraft ist, wenn eine kleine und sehr erfolgreiche Gruppe, die sich heute auch »Elite« nennen lässt, eine Pathologie aufweist, die der von modernen Amokläufern bedenklich nahesteht. Haben wir es hier womöglich mit einer erlaubten und einer verbotenen Form des gleichen Phänomens zu tun? Und stellen moderne Amokläufer so möglicherweise ein Spiegelbild jener wirtschaftlichen Führungsschicht dar, mit der sie immerhin einen gewichtigen Faktor ihrer Pathologie teilen?

Tatsächlich erscheint es mehr als wahrscheinlich, dass es sich so verhält. Und es gibt noch mehr Daten, die unsere Vermutung stützen. Wer Studien quer liest und vergleicht, stellt schnell fest, dass neben den narzisstischen auch dissoziale Phänomene eine Rolle spielen sowie paranoide Persönlichkeitsmerkmale und endlich das, was wir klinisch »Störungen der Impulskontrolle« nennen. Da ich eine Reihe ziemlich schwer gestörter Menschen aus dem oberen Führungsbereich behandelt habe – es waren auch Gewalttäter darunter –, kann ich diese Befunde aus meiner Erfahrung bestätigen. Das Thema »psychische Störungsbefunde im Management« wurde schnell auch in breiter wirkenden Medien aufgenommen und bestätigt. Von einem »Zusammenprall der Egos« schrieb der »Spiegel« (Heft 10, 1998). Und Leopold Stieger bescheinigte einem nennenswerten Anteil des Managements eine »Todessehnsucht«.

Was auch immer an den Studien und ihrem gesellschaftlichen Nachklang klinisch betrachtet dran sein mag – sie spiegeln eine Sichtweise wider, die gesellschaftlich inzwischen verbreitet ist und nach der wir davon ausgehen müssen, ein guter Teil derer, die wir mal als Schuldige, mal als Absahner aus den Zeitungen kennen, sei psychisch heikel gestrickt. Gegenwärtig erhalten sie neues Futter durch eine Studie der University of Ohio in Newark, durchgeführt an 150 Managern sowie 400 Studenten. Die leitende Psychologin Amy Brunell kommt zu dem Schluss, Narzissmus könne geradezu als ein Charakteristikum derjenigen angesehen werden, die Führungspositionen einnehmen.

So kann man zu dem Schluss kommen, eine gewisse Pathologie sei dem gesellschaftlichen Aufstieg durchaus förderlich. Auf die Showbranche bezogen, kam der Göttinger Psychiater Borwin Bandelow 2006 zu dem gleichen Ergebnis. Er befand, eine Grundvoraussetzung für den Erfolg im Showbusiness sei weniger das Talent, als vielmehr eine veritable Borderline-Problematik, wie sie der Autor u.a. bei Robbie Williams ausmacht.

Es scheint Störungsbilder zu geben, die in der Gesellschaftsform, in der sie gedeihen, nützlich sein können. Die genannten Beispiele lassen vermuten, dass sowohl narzisstische als auch Borderline-Problematiken hilfreich sind, wenn man hoch hinaus möchte, und eine gewisse dissoziale Haltung ist ebenfalls nicht schlecht. Was wird aber nun aus dieser Erkenntnis, wenn wir feststellen, dass alle diese Diagnosen auch bei Amokläufern gestellt werden?

Ich nehme an, Sie sind in diesem Moment ebenso aufgeschreckt, wie ich es bin, als ich auf diesen Befund stieß. Denn wenn wir feststellen, dass es zwischen jenen, die hohe Positionen einnehmen, und jenen anderen, die in Schulen gehen und Kinder abknallen, eine mentale Verwandtschaft gibt, dann hat das für den Eindruck, den unsere Eliten machen, eine fatale Konsequenz. Denn es scheint nur eine schwer fassbare Grenze zwischen den beiden Gruppen zu geben – eine Grenze, die wir verstehen und der wir nachlaufen müssen, wenn wir das Ausmaß der gesellschaftlichen Mitbedingtheit von Amokläufen begreifen wollen. Denn Grenzen sind ja nicht allein etwas, das scheidet. Vielmehr stellen sie auch *Verbindungslinien* dar.

Ich vermute, das verbindende Element ist dies: Wir fanden, dass der Amokläufer jemand ist, der Krieg führt. Doch anders als der eingebundene Soldat, der seinem Land und seiner Gemeinschaft dient, kämpft der Amokläufer gegen diese. Hier nun mag ein Bezug zu jenen erkennbar sein, die wir als Management-Eliten kennen. Dem klinisch zugrunde liegenden Störungsbild des Amokläufers irritierend verwandt, führen auch sie ihren

Krieg nicht für das Volk oder die Gemeinschaft, sondern, wie die jüngsten Entwicklungen nahelegen, mitunter sogar gegen sie, indem sie sich an seinen Ressourcen vergreifen.

Tatsächlich gab es schon häufiger Mutmaßungen, die in diese Richtung gingen. Das obere Management, so der »Spiegel« bereits 1994 im Heft 41, schotte sich von seinen Mitmenschen systematisch ab. Von einer Brutalisierung der Umgangsmethoden war in diesem Artikel ebenso die Rede wie von der Unfähigkeit, mit der Welt in Kontakt zu stehen. Alles Phänomene, die wir auch im Zusammenhang mit Amokläufern finden.

Der Amokläufer und die Management-Elite: Zwei Seiten derselben Münze? Ich würde die Frage vorsichtig mit einem »Ja« beantworten. Indem ich diese Dopplung bejahe, erscheint es aber nötig, die Antwort zu vertiefen, um Aussagen à la »Manager potenzielle Amokschützen?« zu vermeiden, die einfach nur töricht wären. Festzuhalten ist: Die Skrupellosigkeit hat einen Platz in unserer Kultur, den sie in der amerikanischen schon länger hat. Einen Platz ganz oben und im Rampenlicht. Dass dieser Faktor ohne Wirkung bliebe, brauchte niemand je zu glauben. Dass im Zusammenhang mit dieser Wirkung Amokläufe einen gesellschaftlichen Stellenwert bekämen, hat aber einen anderen Grund. Denn wenn wir in einem brauchbaren Film wären, dann gäbe es gegen die pervertierte Elite, von der wir hier sprechen, längst Kämpfe – und zwar wohl nicht die von ordentlichem Recht und Gesetz, denn illegal ist ja zumeist nicht, was die betreffenden Leute tun, auch wenn es in anderer Hinsicht verbrecherisch ist.

Der Kämpfer wäre ein Mann, der sich gegen das Gesetz stellt, weil er sich gegen das richtet, was das Gesetz zubilligt. Ist er im Grunde ein Mann des Richtigen und Gerechten, so muss er gerade darum zum Gesetzlosen werden, weil im Gesetz Lücken existieren, durch die das Richtige und Gerechte verhindert wird. Ein guter Gesetzloser also, ein Outlaw für das Gute: Wir haben eine Assoziation davon, aber es entsteht nur sehr vage ein Bild. Auch im Amokschützen existiert es, denn es ist Teil unserer kulturellen Psyche. Es lässt uns vom gerechten Räuber träumen und alte Geschichten genießen, in denen die Reichen erleichtert und die Armen beschenkt werden. Im Amokläufer aber hat das Bild andere Folgen, denn er sieht den Feind ja nicht in einer Handvoll Reicher oder in Strukturen, die sich vielleicht auf ausbeuterische Weise dick fressen. Hierfür ist sein Sehnen noch zu angepasst und sein Erleben der Einsamkeit zu destruktiv.

So wäre der Amokschütze auf einer Täterskala – wenn wir nämlich das Unrecht und die Gewalt einer Gesellschaft auf einer Linie abtrügen, und ganz rechts stünde die gesellschaftlich akzeptierte und begünstigte, die reiche Variante des Täters, während links der erfolglose, der gering geschätzte Verhasste stünde – dem Topmanager gegenüber: Täter sie beide, aber mit sehr unterschiedlichen Zeichen versehen. Was sie eint, das ist der Mangel an Maß, der Mangel an Verantwortungs- und Zugehörigkeitsgefühl auch, der neben einem narzisstisch gespeisten Übermaß an Selbstgerechtigkeit das Bild bestimmt.

Nachdem wir auf diese Weise die untergründige Struktur der Amokläufer-Gewalt etwas näher verstehen, ist es nun angezeigt, den nächsten Schritt zu tun und auf die kulturelle Einbettung dieser Gewaltmischung näher einzugehen. Dabei beginnen wir mit einem Genre, das nicht in der europäischen, wohl aber tief in der amerikanischen Kultur verwurzelt ist und die Unterströmung des Phänomens »Amoklauf« entscheidend prägt. Die Rede ist vom Western, jenem spezifisch amerikanischen Filmgenre, in dem sich ein kulturelles Selbstverständnis spiegelt, das seit den späten 70er-Jahren ins Hintertreffen geraten zu sein schien, was anzunehmen aber ein Fehler war. Denn ein kulturelles Selbstverständnis verschwindet ja nicht, es gerät allenfalls aus dem Blick oder sinkt in unbewusste Schichten ab. Dort aber entfaltet es dann eine Kraft, die sich steuernden Funktionen ihrer Verborgenheit wegen weitgehend entzieht.

Indem wir hier weiterforschen, verlassen wir gänzlich die Zone der Oberfläche, die in der Bezogenheit von Amoklauf und Management immer noch enthalten war. Denn es gibt noch eine andere Achse als die soziale, die im Amoktäter wirksam wird. Gibt die soziale Achse einen Teil dessen wieder, was wir in der Metapher vom »Wellengang« in einer Gesellschaft bestimmten (sie steht genau für den Teil, der die verbrecherischen Karrieren markiert, die in einer Gesellschaft vorkommen), so bedarf sie einer zweiten Achse, die eher unbewusste kulturelle Strukturen erfasst (also mit dem zusammenhängt, was wir uns als die »Unterströmung« vorstellten). Diese zweite Achse könnte man, wenn wir die, die vom Täter zum Manager weist, als »soziale Achse« bezeichnen, die »mythische Achse« nennen. Auf ihr geht es um die Bilder, die Täterbilder, die unterschwellig in einer Kultur wirksam sind und von denen eines im Amokschützen besonders wirksam geworden ist.

VI. Das kulturelle Unbewusste und seine Bilder

1. Vom einsamen Rächer

Ein Mann reitet in eine Kleinstadt ein. Er ist schweigsam, düster und gut bewaffnet. Das Klima in der Stadt ist unschön. Wer stärker ist, siegt. Eine Frau läuft davon, auf ein Kind wird geschossen. Den Mann kümmert das nicht, er ist nur an dem interessiert, was ihn unmittelbar angeht. Das ist nicht viel. Er bleibt auch nicht lange. Bloß lange genug, um ein paar Leute zu erledigen, was er meist mit zynischen Sprüchen garniert. Am Ende hat er die Schurken der Stadt erledigt, ohne doch selbst zu den Guten – oder besser: zu den *Nur*-Guten – zu gehören. Die Kleinstadt hat nun Ruhe. Manchmal hat sich eine Frau in den Mann verliebt, aber damit wird er nichts anfangen können. Er hat getan, was zu tun war, manchmal seinen Schnitt gemacht, und er reitet von dannen. Gut bewaffnet und düster und schweigsam.

Der mit der Waffe in die Kleinstadt einreitende Einsame, der aufrechte Outlaw ist eine Lieblingsfigur des Western, des amerikanischen ebenso wie des Italo-Western, der diese Figur nicht neu erfand, sondern bloß ins Zynische hinein weiterentwickelte. Es ist keineswegs überspitzt zu behaupten, dass im so genannten Amokläufer das Schema des einsamen Rächers nachwirkt, so wie es eben auch kein Zufall ist, dass wir diese Form des individuellen Massakers mit der amerikanischen Kultur und ihrem Ableger – unserer heutigen Gesellschaft – assoziativ in Verbindung bringen. Hinzu kommt, dass in den letzten Jahren – jenen Jahren, in denen das Phänomen »Amoklauf« den öffentlichen Fokus eroberte – die Präsidentschaft George W. Bushs von den Mythen des Western getragen wurde. Wenn aber eine Regentschaft einen Mythos bemüht, ist es dann ein Wunder, dass dieser Mythos auch kulturelle Niederungen erreicht?

Als sich abzeichnete, dass der einsame Ritt dieses Präsidenten und die Entwicklung einer neuen Form von Täterschaft möglicherweise Hand in Hand gingen, begann ich im Neuro-Atelier mit der serienmäßigen Analyse von Western-Szenen, die das Bild der Gewalt, um das es hier ging, illustrierten. Mitunter verwendete ich auch Western-Szenen in meinen Seminaren zur Gewaltanalyse. Mehr und mehr kristallisierte sich dabei heraus, dass wir es hier mit einer einigermaßen singulären medialen Gestalt zu tun haben, die tatsächlich rein amerikanisch ist und wohl so etwas wie eine Grunderfahrung und einen Grundmythos der amerikanischen Kultur bildet.

Man wird hier vielleicht einwenden, der Western sei schon lange nicht mehr nur ein rein amerikanisches Thema. Vielmehr sei doch der Italo-Western, wie der Name ja sage, italienisch und damit also ein europäisches Produkt. Dies ist richtig und falsch zugleich. Denn wenn italienische Regisseure sich des Genres annahmen, dann taten sie dies gewöhnlich mit amerikanischen Darstellergrößen, zu denen dann Europäer wie Klaus Kinski und Franco Nero eher hinzutraten. Vor allem drehten sie ihre Filme in Fortsetzung einer Tradition, die der amerikanische Western begründet hatte. Dieser hat nämlich neben dem Kämpfer für Recht und Ordnung, dem freundlichen Kraftkerl mit Sheriffstern, wie John Wayne ihn gab, immer schon eine andere Variante des bewaffneten Mannes gezeigt, und das ist der Einzelkämpfer, der kommt und geht, der keine Geschichte hat oder nur eine sehr undurchsichtige, der von einem geheimen Schmerz gezeichnet scheint und doch seinen Job tut, aber die Früchte seiner Tat dann nicht zu ernten vermag.

Medienanalytisch betrachtet, unternimmt der Western einen »Mythentransport« (Milzner 1996); ein Phänomen, das im Zusammenhang mit Gewalt keine Seltenheit darstellt. Die mythische Aufladung eines Phänomens bekommt ein leicht verändertes äußeres Gewand, und das macht es möglich, die Aufladung selbst in andere Epochen oder Kulturkreise zu transportieren, die ansonsten dagegen immun geblieben wären. Insofern vervollständigt der Italo-Western den amerikanischen Western eher, als dass er ihn wandelt. In jedem Fall stellt er seine Fortsetzung auf europäischem Boden dar und markiert so medial einen Einschnitt, indem nämlich der amerikanische Film-Mythos nun europäisches Genre wird. Und es erübrigt sich zu sagen, dass spezifisch europäische Themen zu dieser Zeit marktmäßig ins Hintertreffen geraten; die Auseinandersetzung mit korrupten Obrigkeiten beispielsweise, die nur der französische Film noch aufrechtzuerhalten vermochte. Im Italo-Western aber wird die Amerikanisierung europäischen Geländes medial prägnant; er ist im Film das, was der Amoklauf später sozial sein wird, die brutale Umsetzung eines fremden Mythos hier und mit europäischen Mitteln.

Es ist wichtig zu erkennen, dass die Figur des Einsamen im Western ursprünglich eine ambivalente Figur ist. Der Einsame tötet, und oft hat er eine dunkle Vergangenheit. Er ist aber mit seiner Gewalt immer noch auf der Seite des Guten, auch wenn er dies nicht unbedingt beabsichtigt. Man könnte sagen, in den Urbildern des Western nimmt das Gute den einsamen Outlaw gewissermaßen in Dienst, und was er hinfort tun wird, ist unzweifelhaft gewalttätig. Aber indem der Revolvermann vom Guten in Dienst genommen wird, wandelt sich diese Gewalt, und der Outlaw bekommt wie ein dunkler, unrasierter Engel eine mythische Note.

2. Der Wandel der Zeichen

Wiederholt sind uns nun schon die Begriffe »mythisch« oder »Mythos« begegnet. Daher mag es angeraten sein, ihre Bedeutung, wie sie hier gemeint ist, zu erklären. Ich verwende den Begriff »Mythos« im Sinn von »Urbild« oder »Urgeschichte«, und »mythisch« meint, dass dort, wo der Begriff auftaucht, ein seelisches Urbild angesprochen oder heraufbeschworen wird.

Von den seelischen Urbildern und -geschichten interessieren uns hier nur diejenigen, die kulturell oder national in Erscheinung treten. Sie sind das, was das Unbewusste eines Volkes möbliert und so über Bilder und Sagen, die man bewusst zu kennen und vielfach analysiert zu haben meint, doch die innere Verfassung prägen. Verführer und Diktatoren nutzen solche mythischen Ströme, weil sie wissen, dass es funktioniert. Der Umstand, dass es die Diktatoren und Verführer sind, die sich der kulturellen Mythen bedienen, sollte uns aber nicht zu dem

Irrglauben bringen, diese Mythen seien grundsätzlich heikel. Sie »sind« einfach, und sie tun ihre Wirkung, ganz gleich, was das Oberflächenbewusstsein dazu meint. Und nach Art der Archetypen, die sich freilich auf Menschheitserfahrungen insgesamt beziehen, sind kulturelle Mythen auf Erfahrungen gegründet, die einerseits hochbedeutsam waren und andererseits häufig genug, um nicht in Vergessenheit zu geraten.

Nationale und kulturelle Mythen können gelesen werden, ohne dass man ein Land betritt. Ja, es scheint mitunter, als ließen sie sich mit etwas Abstand sogar *leichter* lesen, da es in ihnen ja um die Unterströmung einer Kultur geht, während man vor Ort stets erheblich mehr von dem erlebt, was wir als Oberflächenphänomene erkannten. Um nur zwei Beispiele zu geben: Die kulturellen Mythen Russlands sind im gegenwärtigen öffentlichen Russland nur schwer zu entziffern, in den Filmen und Büchern, die Russland in die Welt entsendete und entsendet, aber umso mehr. Und was Europa mythisch bedeutete, das konnten in der Zeit nach dem Ersten Weltkrieg die Vereinigten Staaten aus der Ferne womöglich leichter erkennen, als dies die Europäer selbst vermochten, die mit den Wunden, die der Krieg hinterließ, noch genügend beschäftigt waren. In ganz ähnlicher Weise lässt sich das, was durch Amerika an mythischer Unterströmung geht, anhand von Kulturgütern ziemlich gut bestimmen. Und wenn wir die Figur des Einsamen suchen, des Rächers und des dunklen Helden, so finden wir diesen in der amerikanischen Kunst ebenso in den Western-Romanen Zane Greys wie auch in den *hardboiled*-Kriminalstorys von Raymond Chandler oder Dashiell Hammett. Und im Film stellt er gleichfalls eine Konstante dar.

Als unbewusste Energie ist das Mythische einer Kultur niemals ganz fort. Es mag verschüttet sein oder für eine Weile eine schlechte Presse haben, aber ganz verschwinden kann es nicht, wie ja auch Archetypen nicht verschwinden, auch wenn mal für eine Weile etwa der Archetyp des Helden aus dem Bewusstsein fällt, weil man nach einem Krieg das Pathos satthat, oder der Archetyp des alten Weisen weniger wahrgenommen wird, weil eine Zeit der Jugend mehr zutraut als dem Alter. Wenn nun also kulturelle Mythen nicht verschwinden, dann können sie auch wiedergefunden und aufpoliert werden: So etwas machen wie gesagt Diktatoren. Heikler ist es aber noch, wenn der Mythos scheinbar von sich aus wirksam wird, weil ein Volk sich latent schwach fühlt. In solchen Momenten ist es nicht der einzelne, planende Verführer, der den Mythos belebt, sondern der Mythos selbst nimmt sich seinen Träger.

Der Markt, sagte einmal der Regisseur Michael Haneke (2006), lösche das kulturelle Gedächtnis aus. Aber das stimmt so nicht. Haneke ist mit seinen Filmen ein Analytiker der Gewalt, der ausdrücklich eine Gewalt zeigen will, die sich der Konsumierbarkeit entzieht. Insofern hat seine Aussage Gewicht. Allerdings scheint sie mir von einer Verwechslung gekennzeichnet. Denn so richtig es ist, dass der Markt kulturelle Ikonen wie die Bibel aus dem Blickfeld verbannt hat und so auffällig es einem einigermaßen gebildeten Menschen erscheinen mag, dass ein intelligenter 18-Jähriger gegenwärtig keineswegs mehr wissen muss, wer Homer war, so unwahr ist die Annahme, dass auch die kulturellen Chiffren verschwinden. Ganz im Gegenteil scheint mir, dass diese Bilder, wenn sie aus dem Bewusstsein ins Unbewusste absinken, eine Kraft entwickeln, der etwas Unkontrollierbares anhaftet.

Als der Western Ende der 70er-Jahre in der Versenkung verschwand, da konnte man annehmen, nun habe sich im amerikanischen Bewusstsein etwas verändert und das Bild des einsamen Rächers sei daraus entschwunden. Nichts könnte falscher sein, denn dieser Rächer hatte lediglich das Genre gewechselt; in den »Rambo«-Filmen nämlich trat er, ausgestattet nun mit modernstem Arsenal, wieder auf den Plan, und es ist geradezu eine Bestätigung dieser Analyse, dass der damalige amerikanische Präsident, Ronald Reagan, selbst ein ehemaliger Cowboy-Darsteller, von Rambo ganz begeistert war.

Wie sehen moderne Varianten des einsamen Rächers aus? Eine davon stellt Leonardo DiCaprio dar, der 1995 in dem Film »Jim Carroll – In den Straßen von New York« (original: »*The basketball diaries*«, Regie von Scott Kalvert) in einem langen Mantel schießend durch eine Schule lief und tötete. Die er dort tötete, waren seine Schulkameraden – allerdings auch der bösartige Priester, den wir im Film als grausame Natur kennenlernen und der gleich zu Beginn den jungen Mann, der von DiCaprio verkörpert wird, mit einem Schlagholz züchtigt. So erlebt man die Szene, in der DiCaprio tötet (und die im Übrigen eine *Traum*sequenz ist, was selten dazugesagt wird), als emotional durchaus nachvollziehbar, wenn auch brutal und überdosiert. Überdies ist sie stilisiert nach Art eines Peckinpah- oder Italo-Western, d.h. die Einschläge der Projektile und das laufende Blut, die stürzenden Getöteten und den zielenden DiCaprio, sie alle erleben wir in Zeitlupe und seltsam entrückt. Dazu kommt noch der lederne Mantel, den DiCaprio trägt, der sich vom *streetwear* und den Sportklamotten, die sonst den Film modisch beherrschen, klar absetzt und eine Reminiszenz an die Staubmäntel à la »Spiel mir das Lied vom Tod« ist. Diesen Mantel übernahmen die Mörder von Columbine, deren Sinn für Inszenierung sich auch darin bewies, dass sie ihre Morde an Hitlers Geburtstag stattfinden ließen.

3. Soziale Erkrankung und mythischer Ausweg

Es ist nichts Ungewöhnliches, dass sich dort, wo die soziale Schlinge enger gezogen wird, das Mythische in neuer Verführungskraft präsentiert. Die Inszenierungen der Nationalsozialisten waren für deren Herrschaft mindestens ebenso bedeutsam wie der berühmte Autobahnenbau – dessen Pläne Hitler im Übrigen der Weimarer Republik entlehnte. Wenn wir außerdem annehmen, dass Mythisches eine Unterströmung der Psyche darstellt, die beständig vorhanden ist, auch wenn sie ihre Kraft nicht immer voll entfaltet, dann können wir annehmen, dass die mythische Sphäre in sozial krisenhaften Zeiten zu aktivieren einen Ausweg darstellt, indem die Aufmerksamkeit sich von den Desastern abzieht und den scheinbar reicheren Zonen der mythischen Welt zuwendet. Dies schiene unter kritischer Beleuchtung ein reiner Kompensationsmechanismus und zudem mit Gefahren bestückt, da ja die soziale Lage sich so nicht bessert und eine Tendenz zur Überhöhung des Mythischen überdies schnell in destruktives Handeln kippt.

Doch werden wir der Rolle des Mythischen mit dieser kritischen Sicht nicht ganz gerecht. Denn natürlich finden sich in den mythischen Zonen auch Ressourcen, die auf der Oberfläche, in der sozialen Realität, nicht immer gegeben sind. Bedrohlich mutieren diese Ressourcen immer nur dort, wo sie das Soziale ignorieren und gewissermaßen um ihrer selbst willen durchgesetzt werden sollen. Da aber, wo das soziale Gefüge ersichtlich erkrankt ist, bietet sich das Mythische mit seinen Mitteln als Hilfsprogramm an.

Liegt nun auch im modernen Amoklauf eine mythische Komponente verborgen? Vielleicht. Wir fanden ja schon, dass die Oberflächen-Erklärungen für sich genommen nicht hinreichen, um den modernen Amoklauf zu verstehen. Nachdem wir die psychiatrischen Diagnosen ihrer Unzulänglichkeit halber verwerfen mussten, erwies sich die Welt der erlaubten Gewalt mit ihren Auswüchsen als ergiebiger, aber gleichfalls nicht ausreichend. Denn wohl konnten uns die Analogien zwischen Management-Profilen und denen der Amokläufer erschrecken, doch blieb die Frage im Raum, wie sich nun der Amoklauf als Tat begründet und versteht, wenn wir einmal annehmen, dass der Täter selbst in seinem Profil den Auswüchsen unserer kapitalistischen Eliten nicht ganz unähnlich ist.

Tatsächlich kann man annehmen, dass im Täter eine Art Mythologie wirksam ist. Diese Mythologie ist, da der moderne Amoklauf eine amerikanische Erkrankung ist, mutmaßlich auch eine amerikanische, eine entartete allerdings. Denn der einsame Rächer, der ja so etwas darstellt wie ein medial gestricktes amerikanisches Urbild, ist ja ursprünglich keine nur böse, keine mit Schrecken aufgeladene Erscheinung. Wir finden allerdings, dass er im modernen Amoklauf sein Gesicht gewechselt hat, oder besser: Wir begegnen seiner schwarzen Seite. Dies aber ist kein isoliertes Phänomen, sondern steht gleichfalls im Zusammenhang mit einer gesellschaftlichen Veränderung, die davon geprägt ist, dass das amerikanische Bild des einen Mannes, der sich gegen das System stellt, gegenwärtig ausgedient hat. Wo es künstlich am Leben gehalten wird – in der Präsidentschaft Bushs ebenso wie im modernen Amoklauf –, da kippt es alsbald um und offenbart eine Dunkelheit, die ihm zwar von Anfang an als Möglichkeit beigegeben war, jedoch unter günstigeren Umständen nicht zur Entfaltung gelangte.

4. Der Rächer in seinem Glanz

Nachdem er seine Waffen leer geschossen und die Ausbeuter und Unterdrücker erledigt hat, macht sich der Rächer davon. Er steigt auf sein Pferd, Liebe weist er lakonisch zurück, seine Welt ist die Einsamkeit. Wir sehen ihn davonreiten wie Lucky Luke, nur dass es ernster gemeint ist, und im Übrigen wirkte ja auch Lucky Luke nur deshalb so stark, weil er etwas, was wir als mythisches Bild schon kannten, in den *funny comic* transportierte. Musik schwillt an, und der Rächer wird kleiner, indem er in die sinkende Sonne reitet.

Die Abendsonne – das ist vielleicht der Tod, symbolisch betrachtet. Der Tod, in den der Amokläufer hineinreitet, nachdem er seine Munition verschossen hat. Zumindest aber ist die immer gleich untergehende Sonne dem Rächer die Chiffre dafür, dass nichts sich ändern wird, die Einsamkeit bleibt Einsamkeit, der Rächer ein Rächer, böse Welt böse Welt. In dieser Erkenntnis aber liegt etwas Zynisches.

Wann beginnen Mythen zu entarten? Wohl am ehesten dann, wenn ihre Zeit vorerst abgelaufen ist, sie also nicht mehr mit dem übereinstimmen, was die Gegenwart an Stimmung durchwebt. So wie man in Abwandlung eines bekannten Satzes sagen kann, dass kaum etwas stärker ist als ein Mythos, dessen Zeit gekommen ist, so kippt auch kaum etwas schneller um als dieser Mythos, wenn seine Zeit vorbei ist.

Nun laufen Mythen niemals vollständig ab, sie haben nicht wirklich ein Verfallsdatum. Doch erleben sie Zeiten von Unwirksamkeit und Ächtung, und in anderen Perioden sind sie unnütz geworden und müssen für eine Zeit wieder in die Versenkung zurück, aus der sie kamen. Es gibt aber auch noch eine andere Bedingung, die Mythen entarten lässt. Dieser begegnen wir da, wo das Bedürfnis nach dem Großen, dem Mythischen in einer Kultur zwar vorliegt, aber auf der oberflächlichen Ebene gibt es nichts, was dem entspräche. Um hier mehr zu sehen, kehren wir daher wieder auf die Ebene der oberflächlich wirksamen Stimuli zurück. Wie schon betont, ist »Oberfläche« hier nicht im abwertenden Sinn zu verstehen – »oberflächlich« im Sinn von »banal« –, sondern so, dass wir uns mit den charakteristischen Stimuli des Heute, der Jetztzeit auseinandersetzen. Oder, in diesem Fall, mit dem, was im gelebten Leben dem Mythischen entgegensteht.

Ist es ein Zufall, dass die öffentliche Peinlichkeit, für die Präsident Clinton mit seiner Lüge und dem Impeachment-Verfahren, dem er sich stellen musste, stand, sich nur wenige Wochen vor Columbine einstellte? Vermutlich ja. Und doch: Dem mythischen Bild des starken Einzelnen widersprach ein Präsident, der oftmals eher glatt und von einer karrieristischen Grundhaltung geleitet schien, ganz gewiss. Auch mag Clinton mit seinem undurchsichtigen Finanzgebaren und dem abgeleugneten Fremdgängertum Assoziationen heraufbeschworen haben, die geradezu die Gegenstücke des harten Einzelkämpfers waren, nämlich solche von Selbstbereicherung durch die Nutzung von Ämtern und Seilschaften, sowie von jener Doppelmoral, die man sonst mit dem höheren Management in Verbindung bringt. Hiermit wird er zumindest dem Vorschub geleistet haben, was es hinterher Bush erlaubte, sich als Einzelheld zu stilisieren.

Was am Einzelhelden positiv erscheint – er räumt mit den Syndikaten auf, er stellt sich dort, wo die anderen zaudern und schießt diesen dann den Weg frei oder die Stadt sauber –, was also am Einzeltäter gut und angemessen ist, das verhält sich beim modernen Amokläufer gerade anders herum. Hier kann vermutet werden, dass das tief sitzende Bewusstsein der eigenen Hilflosigkeit sich derart verdichtet hat, dass sich die Substanz des Einzelkämpfertums gänzlich ins Schwarze wendete.

Würden wir den Amokläufer anders wahrnehmen, wenn er – sagen wir – die Vorstandsetage eines global agierenden Konzerns zusammenschösse? Das ist sehr wahrscheinlich, denn in den Schock hinein mischte sich doch die Annahme, dass hier nicht Unschuldige von uns gegangen sind, sondern Leute, denen wir genügend Dreck an den Stecken zutrauen, als dass sie in unseren Augen wo nicht schuldige Opfer, so doch zumindest solche sind, die selber wenig Neigung zum Schonen zeigen.

5. Der Rächer in seinem Verfall

Wir kommen an der Erkenntnis schlecht vorbei, dass gegenwärtig die positiven Identifikationsfiguren anderer Zeiten ausgedient haben. Der charismatische Führer, der tapfere Kriegsheld, der einsam seinem Forschen verpflichtete Wissenschaftler, der ringende Künstler oder auch der mutige und verantwortliche Gründer einer Firma – das sind keine Bilder mehr, die viele locken, im Gegenteil.

Und welche Bilder sind es dann, die den Reizmarker setzen? Das umworbene Model, natürlich, der kaputte Rockstar inmitten seiner Exzesse. Aber dies ist nicht neu, dies sind legitime Gegenentwürfe einer Eigenlust, die dem Nützlichkeitsstreben entgehen will. Ein Bild aber ist neu, zumindest in dieser Größenordnung: Und das ist der smarte, interessante, erfolgreiche und dabei absolut grausame Mörder. Seit der Gladbecker Entführung und der Ermordung von Silke Bischoff wurde zum Beispiel bekannt, dass Täter, denen mediale Aufmerksamkeit zuteilwird, in der Haft Liebesbriefe von Frauen bekommen, die den Tätern natürlich niemals begegnet sind, zu diesen aber in der Fantasie eine Beziehung aufgebaut haben. Das ist ein Phänomen, das man sonst von Popstars oder Schauspielern kennt.

Wir werden im nachfolgenden Kapitel noch stärker auf die Umwertungen zu sprechen kommen, die sich als Folge medialer Verbreitungen in uns ereignen. Hier soll es vorerst nur um einen Teilfaktor gehen, wenn wir uns nämlich fragen, inwieweit die öffentlichen Bilder und insbesondere deren mythischer Anteil Verwandlungen erfahren haben, die dem modernen Amoklauf Vorschub leisten.

Stellt der Rächer ursprünglich eine Vielgestalt dar, deren Bestandteile doch dadurch verbunden sind, dass sie irgendwie vom Guten in den Dienst genommen werden (oder aber, wenn sie ungut handelten, zur Reue finden), so ist der Rächer in seinem Verfall auf die Seite des Nur-Bösen gerutscht. Konnte man noch in Filmen wie »Ein Mann sieht rot«, deren hässliche Selbstjustiz vielfach diskutiert wurde, einen Schmerz fühlen, ein Ordnungsbedürfnis, und also diese Gewalt klar dem archaischen Sektor zuordnen, so ist der Rächer in seinem Verfall weder in seinem

Schmerz, noch in seinen Absichten, noch auch in seiner Bereitschaft, sich in Dienst nehmen zu lassen, in irgendeiner Weise mit dem Guten verknüpft. Gänzlich auf der dunklen Seite stehend, wird er selbst Teil jener öffentlichen Bebilderung werden, die das Verfallen des Rächers illustriert.

Der moderne Amokläufer kann gegenwärtig noch darauf setzen, dass sein Bild nach seinem Tod überall zu sehen sein wird. In einigen wenigen Fällen ist es zuletzt gelungen, diese Bildverbreitung zu vermeiden, es handelte sich dabei (in Deutschland) um jene Ereignisse, bei denen es entweder zur Tat nicht kam, oder aber der Täter gegen seine eigene Intention überlebte. Insgesamt jedoch ist der Befund eindeutig: Der moderne Amokläufer ist zu einem Teil der Bildwerke geworden, die unsere Öffentlichkeit illustrieren.

6. Der Rächer und der Räuberhauptmann

Das Bild des Einzeltäters ist in der europäischen Kultur nur gering verankert. Wo Einzelne zu Gesetzlosen werden, da sind es in der europäischen Tradition entweder die trickreichen Diebe, oder aber die Bandenführer, denen die soziale Bühne gehört. Manche von ihnen führen ein ruhmreiches Nachleben. Wenn zum Beispiel in alternativ-rebellischen Projekten der Name »Klaus Störtebeker« gern verwendet wird, dann verweist das auf positive Besetzungen, durch die der Pirat vielleicht im Nachhinein so etwas wie einen früheren Attac-Aktivisten abgibt.

Der Bandenführer ist ein Erster unter Gleichen. Auf alternative Weise ist er gerecht. Störtebekers Leute wurden »Liekedeeler«, also »Gleichteiler« genannt, was sie positiv von ihren Hauptfeinden, den reichen Händlern der Hanse, die man »Pfeffersäcke« nannte, absetzte. Es ist also möglich, dass das Verbrecherische sich mit dem Positiven paart und die nützlichen Wirkungen, die von ihm ausgehen, gegenüber der Gewalt, für die es eben *auch* steht, als wesentlicher beurteilt werden. Niemand denkt heute, wenn der Name Störtebeker fällt, daran, dass dieser Pirat massakriert, vielleicht gefoltert haben könnte. Eine andere und hellere Assoziation überscheint diese dunklen Aspekte des

Outlaws, und dies hat nicht nur mit der edlen Seite des Outlaws selbst zu tun, sondern geradeso gut damit, dass jene, die er bekämpft, ein noch viel schwärzeres Bild abgeben, als es der Outlaw tut.

Was haben diese Überlegungen mit dem Amoklauf zu tun? Die Verknüpfungen finden sich auf mehreren Ebenen. Zunächst: Wenn eine Form des Verbrechens gehäuft auftritt, dann bedeutet das, es gibt ein – vielleicht noch unbewusstes – gesellschaftliches Bild von dem, der so etwas tut. Ein Bild, dem der Täter einerseits nachlebt und auf dessen spezielle Aspekte er andererseits verweist. Sodann: Wie das Beispiel »Störtebeker« zeigt, gibt es eine durchaus positive Konnotation des Gesetzlosen. Diese ist aber dadurch bestimmt, dass der Gesetzlose nicht asozial handelt, sondern einer Form der Gerechtigkeit folgt, die im Vergleich zu der geltenden Gerechtigkeit als höher erlebt wird.

Es ist offenkundig, dass der Amokläufer dies nicht tut. Im Gegenteil erscheint er meist als ungewöhnlich feige und asozial. Er ist, vereinfacht gesprochen, die gewalttätige Variante des *nerd*, dessen, der unattraktiv ist und sich schlecht bewegt, der zurückgezogen ist, weil es ihm nicht gelingen will, dabei zu sein, der entweder unauffällig ist oder lächerlich, und dem es an Mitteln mangelt, diese Position zu heben. Der *nerd* aber ist wie der Amoklauf ein importiertes Produkt, eine amerikanische Erfindung. Einer aus jener Ecke, die auch die Rächer stellte. War der Außenseiter, ungesellig und linkisch, immer eine bekannte Größe, so hat er mit dem *nerd* einen Namen der Verachtung bekommen, einen Rang gewissermaßen, oder man könnte auch sagen: Er steht für eine umgekehrte Karriere, der dann im Extremfall der Amoklauf folgt.

Ich überspitze nun bewusst, wenn ich sage: Wir importierten den *nerd*, und ihm folgte der Amoklauf. Aber ist dies tatsächlich eine Überspitzung? Wohl nur zum Teil. Denn wenn wir weiter oben erkannten, dass die psychosozialen Merkmale des Amokläufers geradeso gut die eines werdenden Regisseurs oder experimentellen Musikers sein könnten – was stimmt –, so haben wir nur eines dabei außer Acht gelassen. Denn dem Musikfreak mit fettiger Haut und wenig Mädchen ist sein Außenseitertum, so weh es tut, Straße zur entwickelten Individualität, und indem er die Begabung kultiviert, wandert er dieser zu.

Anders beim potenziellen Amokläufer. Seine allgemeine Durchschnittlichkeit, gepaart womöglich mit einer beunruhigenden Sexualität, lässt ihn in dem, was ihn fasziniert – Waffen und Gewalt – den schlussendlichen Ausdruck finden. Wie ein Tenniscrack das *racket* schwingt, ein Gitarrenfreak sich die Finger blutig übt, so trainiert er im Spiel das Töten und beherrscht es schließlich immer besser (zur Rolle des Computerspiels später mehr, in Kapitel VII.). Endlich dann wirkt in ihm ein unbewusstes kulturelles Bild, das mit dem *nerd* zusammen Eingang in unsere Kultur fand. Denn das hässliche *nerd*-tum ist nur die eine Seite, die sich im Erscheinen des Amokläufers kundtut. Die andere hat, wie wir fanden, etwas Mythisches. Hier müssen wir die amerikanische Kultur als prägenden Einfluss mit einrechnen, wenn wir das im Amoktäter wirksame kulturelle Bild vom Einzeltäter begreifen wollen. Und dabei erkennen, dass zugleich der europäische Anteil verloren ging, der hier weiterzuführen vermöchte.

Denn ursprünglich differieren die mythischen Bilder vom Gesetzlosen in der europäischen und der amerikanischen Kultur. Der mythische Gesetzlose in der amerikanischen Kultur ist weniger der Bandenführer als vielmehr der Einzelne, der sich um einer besonderen Situation willen gegen das Gesetz stellt. Er verkörpert, könnte man sagen, das Positive, das in einer schizoiden Struktur steckt, also Freiheitsdurst und Unabhängigkeitsdrang. Doch dazu kommt eine schmerzliche Komponente. Mal hat man ihn verkannt, mal hat ihn ein Schicksalsschlag jäh getroffen. Mal flüchtet er vor der nachrückenden Zivilisation, mal tritt er ihren Auswüchsen energisch entgegen. In jedem Fall ist er allein unterwegs. Es ist für das Bild des amerikanischen Helden geradezu typisch, dass er niemandem Rechenschaft ablegt. Und wenn er trauert, so trauert er allein.

Betrachten wir dagegen das Bild der Bande und des Bandenführers. Sprechen wir im europäischen Sinn von einer »Räuberbande«, so treten uns Gestalten wie Rinaldo Rinaldini, der Schinderhannes oder Robin Hood am ehesten vor Augen – Leute also mit jener mythischen Überhöhung, die auch für Störtebeker charakteristisch ist. Ganz anders, wenn wir im amerikanischen Sinn von »Gangsterbanden« sprechen (was nebenbei ein unsinniges Wort ist, da es übersetzt ja »Bande aus Angehörigen einer Bande« bedeutet). »Gangster« sind für uns etwas vollkommen anderes – Typen wie Al Capone sind ungeeignet, aus ihnen mythische Essenz abzuziehen. Das bedeutet nicht, dass sie nicht schillernd dargestellt würden, und in gewisser Weise leben sie ja ein Stück des amerikanischen Traums. Seine dreckige Seite, wenn man so will. Doch berührt diese Darstellung nicht jene Zonen unserer Psyche, in denen sich das Edle mit dem Gesetzlosen mischt.

Der Begriff »mythische Essenz« mag irritieren. Doch er illustriert genau das, worum es mir geht. Denn wenn man einwenden könnte, gegenwärtig würden doch kaum Western produziert und also gäbe es da doch gar keine passenden Modelle, so würden wir uns am bloß Offenkundigen orientieren und vergessen, dass es eben auch in Kulturen unbewusste Ströme gibt – Ströme, die meist von zurückliegenden Bildern und Erfahrungen geprägt sind, die gleichwohl aber wirksam bleiben. Und die als gesellschaftlich relevante mentale Erkrankungen so etwas wie die Perversion des Mythos ans Licht bringen – seine schwarze Seite.

Gibt die deutsche Geschichte und Mediengeschichte einem Amoktäter Bilder an die Hand? Wohl kaum. Wenngleich Deutschland Amerika in der Höhe der Amoktaten folgt, so gibt es doch in der deutschen Literaturgeschichte nur einen einzigen Mann, der einem Amokschützen Leitbild sein könnte, und das ist Michael Kohlhaas in der gleichnamigen Erzählung von Heinrich von Kleist. Im Niederschreiben unterlief mir eine Fehlleistung, ich schrieb nämlich »Kohl*hass*«, was ja im Prinzip auch stimmt, denn er, der Held der Novelle, ist ein Mann mit gekränktem Stolz, der auf eigene Faust die Gerechtigkeit wiederherstellen wird und dabei zum Brandschatzer wird. Diese Haltung, die im amerikanischen Film nicht selten und durchgängig positiv konnotiert ist, erscheint bei Kleist abstoßend, und der Gipfel ist erreicht, wenn Kohlhaas im Verlauf der Erzählung Martin Luther begegnet, der ihn entsetzt von sich weist. Das mediale Gegenstück zu Kohlhaas könnte abermals ein Räuberhauptmann sein, nämlich Karl Moor, der sich am Ende von Schillers »Die Räuber« zum sozialen

Selbstopfer entschließt: Er wird sich von einem armen Burschen, der elf Kinder zu ernähren hat, ausliefern lassen, um diesen das auf ihn ausgesetzte Kopfgeld kassieren zu lassen.

Das Selbstopfer stellt so etwas wie den positiven Gegenpol zur feigen Selbsttötung dar, bei der man den Folgen der Untat entgehen möchte. In der finalen Selbsttötung ebenso wie in ihrer Variante, bei der sich der Killer vom Polizisten erschießen lässt, liegt die Krönung eines Feldzugs auf eigene Rechnung, die nichts und niemandem etwas zu geben hat und für nichts streitet als nur für sich selbst. Der mythische Held des Western hat Einkehr bei uns gehalten – in seiner pervertierten Variante. Denn im Western ist der Einzeltäter selten böse – die Bösen führen Banden, oder aber die Banden an sich sind schurkisch. Beispiele sind die vertrauten Mexikanertrupps oder Indianerverbände, zwischen denen der Held sich stumm bewegt. Die Tendenz, zum Beispiel Kavalleristen zu Helden zu machen, blieb immer eher gering und wird nur in Zeiten nationaler Bewegungen etwas gesteigert. Ich möchte an dieser Stelle gleichwohl betonen, dass ich das Bild des Einzeltäters im Western keineswegs negativ finde. Wir werden später noch näher erkennen, worin die speziellen Ressourcen dieses Bildes bestehen und wo die Entartungsformen – jene, die sich im Amoklauf zeigen. Dies verlangt aber zuvor eine Auseinandersetzung mit der keineswegs eindeutigen, vielmehr schillernden Rolle der modernen Medien.

VII. Die vielfache Rolle der Medien

1. Gewalt als kultureller Stimulus

Wenn man sagt, dass moderne Amokschützen gewöhnlich unauffällig erscheinen, keine Problemkinder sind und keinerlei Drogenaffinität zeigen, so kann man dies schon als einen Hinweis darauf deuten, wie durchlässig unsere Kategoriensysteme sind. Die Verlagerung der Drogenproblematik von den chemischen Drogen hin zu den elektronischen bildet sich nämlich in dieser Tätergruppe in einem auffälligen Maß ab. Und die leichter kontrollierbare Chemie erscheint hier nachgerade harmlos gegenüber der anscheinend weniger kontrollierbaren Drogenszene der elektronisch erzeugten Welten. Von den »künstlichen Paradiesen« sprach einst der Dichter Charles Baudelaire und meinte insbesondere Haschisch. Im Fall der amokgeneigten Jugendlichen und jungen Erwachsenen sind wir, so scheint es, bei den künstlichen Höllen angekommen, und in diesen hängt alles davon ab, dass man selbst auf die Seite der Quäl- und der Mordgeister gelangt.

Die Analyse medial vermittelter Gewalt ist für uns aus zwei Gründen wichtig. Zum einen heißt es herausfinden, wie es mit dem Modellcharakter der Medien, insbesondere dem Modellcharakter von Filmen beschaffen ist. Zum anderen untersuchen wir die medial vermittelte Gewalt aber auch, um das gesellschaftliche Klima zu ermitteln, das sich in ihnen zu erkennen gibt. Hierbei wird deutlich werden, dass moderne Medien in verschiedenster Form zum Bedingungsgefüge des modernen Amoklaufs beitragen – was aber im Umkehrschluss auch heißt, dass sie womöglich in vielfältiger Weise dazu beitragen könnten, ihn zu verhindern.

Inwieweit Filme Gewalthandlungen suggestiv begünstigen ist weiterhin ungeklärt. Der Regisseur Stefan Andriopoulos verwies einmal auf das Beispiel eines 16-Jährigen, der 1913 in Borbeck einen Jungen tötete und zuvor einen Western und die Verfilmung vom »Kleinen Däumling« angeschaut hatte. Andererseits brachten jene Jungen, die den kleinen James Bulger totquälten, ihn exakt nach einem Muster aus der Monsterpuppen-Reihe »Chucky« um.

Dass Gewaltdarstellungen auf der Bühne oder im Film keineswegs immer Modellcharakter haben, dürfte ausgemacht sein. Eher schon ist es die Faszination des negativen Helden, die wirksam wird. Der Täter von Ansbach etwa ließ sich zumindest in Teilen vom Mörder von Erfurt leiten – von jemandem also, der, im Karrieredenken eines irregeleiteten Menschen gesprochen, es bereits »geschafft« hatte. Dessen gelungene Inszenierung bildet dann im Negativen jenes Leitbild, für das im Positiven keines gefunden werden kann. Warum? Das genau ist die Frage. Doch wird die Antwort noch auf sich warten lassen müssen, denn wir benötigen für sie noch mehr Vorwissen.

Für gewöhnlich wird der modellbildenden Rolle von Mediengewalt eine kathartische gegenübergestellt. Doch wenn sie auch nicht immer Modelle bereitstellen, kathartisch wirken Gewaltdarstellungen gleichfalls keineswegs immer. Was mag es sein, was den einen Menschen zum Morden anregt und den anderen befreit von seinen Aggressionen? Kaum zu beantworten, diese Frage. Auch ob es »Das Ende der Gewalt« geben wird, wie ein Film von Wim Wenders hieß, darf bezweifelt werden. Eines aber kann man sagen. Es ist möglich, Filme zu drehen, die Gewalt enthalten und doch über sie hinausführen. Hier lägen vielleicht Ansatzpunkte für Filmschaffende, die jenseits des Verbietens von gewaltvollen Filmen lägen – auch wenn dies Verbot in mancherlei Hinsicht notwendig sein mag.

Gespräche mit Gewalttätigen lassen oft erkennen, dass sich im Kopf des Täters Sequenzen aneinanderreihen – also ein Film abläuft. Weniger Sprache (sie natürlich auch) und starre Bilder (sie natürlich auch) als vielmehr filmartige, im Kopf ablaufende Sequenzen sind es, welche das Gewaltgeschehen im Innern des Täters bestimmen. Und auch die Opfer sehen Filme – ob es nun Träume sind oder die Flashbacks der Traumatisierten, in welchen sich die Folter unablässig wiederholt.

Gegenwärtig ist der Film eines der besten Mittel, Mechanismen der Gewalt auf ihr Zustandekommen und ihre Durchbrechbarkeit hin zu analysieren. In Filmen geschehen schreckliche

Dinge, manchmal entstehen Vor- und manchmal Nachbilder. Dies ist aus mehreren Gründen von Bedeutung. Zunächst ist der Film bekanntermaßen ein Stimulans zur Gewalt hin wie auch von der Gewalt weg, denn Filmfiguren können ja Modell-Lern-Effekte ermöglichen. Sodann ist der Film aber auch der inneren Wahrnehmung von Gewalttätern selbst sehr nahe, wie wir in Kapitel IV. feststellten.

Der französische Soziologe Jean Baudrillard hat über die einstürzenden Twin-Towers etwas Schreckliches gesagt: Er erklärte nämlich, die Ereignisse des 11. September seien eigentlich nicht wirklich »real« gewesen, vielmehr handle es sich dabei um Symbole. Das klingt pervers – wenn man bedenkt, dass Menschen starben, viele Menschen, und allzu viele davon grausam. Der symbolische Faktor stimmt natürlich – aber er erfasst eine andere Seite des Anschlags, die öffentlich wirksame, die inszenierte und diejenige der Bildhaftigkeit allgemein, denn die einstürzenden Türme (in denen man die brennenden und verschütteten Menschen ja nicht sieht) fanden rasch, ja, im Grunde sofort Eintritt in die mediale Welt, in der die Grenzen zwischen Realität und Fiktion planmäßig dünnere werden. Und doch wird der Verbrennende oder der, der aus dem Fenster stürzt, dies kaum »symbolisch« finden, und hier setzt der Zynismus ein.

Wenn ich auf den folgenden Seiten die Rolle, die moderne Medien für den Amoklauf als gesellschaftliches Phänomen spielen, untersuche, dann soll dies keineswegs das sein, was wir gewöhnlich »Medienschelte« nennen. Vielmehr ist dabei mitzudenken, dass die destruktive Funktion eines Mediums jederzeit auch eine konstruktive sein könnte, und dass die Entwicklung von Inhalten immer mit dem zusammenläuft, was in einer Kultur bereits an unbewusster Bereitschaft vorhanden ist. Insofern ist kein Medium, kein Film und kein Spiel, einfach »schuld«. Wohl aber sind sie an Entwicklungen beteiligt – ebenso wie jene, die sie verleihen, vertreiben, verkaufen und ansehen. Also: wir.

2. Von der Abschaffung des Mitleids

In der Akzeptanz von Filmgewalt hat sich in den vergangenen zwei Jahrzehnten ziemlich viel geändert. Was man lapidar die »Veränderung der Sehgewohnheiten« nennt, bedeutet nichts anderes, als dass heute Filme Breitenakzeptanz finden, die vor 20 Jahren nur in Schmuddelkinos für eine Handvoll Perverser gelaufen wären. Folterfilme wie »Hostel« oder die »Saw«-Reihe zeigen entsetzliche Torturen und sind Kassenschlager. Da muss man sich kaum wundern, wenn Schüler, wie es schon vorkam, Filme realer Folterungen (so genannte »*snuff-movies*«) auf ihren Handys transportieren.

Die Rolle von Filmen wie »Saw« oder »Hostel« zu bewerten ist nicht ganz einfach. Ohne Frage sind sie Teile einer ins Ekelhafte abgleitenden Unterhaltungsindustrie, moderne Varianten von Circus Maximus und Bärenhatz. Nun wird man einwenden, es seien doch lediglich Filme, und das müsse man unterscheiden. Und natürlich ist etwas daran, denn es macht einen Unterschied, ob tatsächlich ein Mensch im Ofen verbrannt wird oder eben doch nur in »Saw«. Und doch: Ist es für das Opfer selbst ohne Frage ein Unterschied, ob es virtuell ist oder ein lebender Mensch, so kann man bei den Zuschauern Zweifel bekommen. Ich kenne ziemlich viele Menschen, die die »Saw«-Reihe geguckt haben, und mit den beiden »Hostel«-Filmen ist es genauso. Die meisten dieser Leute sind wirklich nett und würden niemandem Böses tun. Wenn sie aber sagen, dass sie das Anschauen der Filme nicht verändert, dann habe ich meine Zweifel. Denn ihre Bekundungen erinnern mich daran, dass viele Leute glauben, sie würden auf Werbung nicht reagieren, weil sie ihre Machart durchschauen. Das ist ziemlich naiv, denn die Wirkung von Werbung setzt unterhalb jeder Analyse an, und es spielt überhaupt keine Rolle, ob wir die Machart eines Clips durchschaut haben, oder nicht. Die einzige Variante, von Werbung nicht beeinflusst zu werden, besteht daher darin, sie sich gar nicht erst anzuschauen.

Zurück zu den Folterfilmen. Sie sind für Amokschützen nicht modellbildend, und insofern haben sie, rein oberflächlich betrachtet, mit dem Amoklauf nichts zu tun. Doch sie berühren ein Gebiet unserer Psyche, das damit sehr wohl etwas zu tun hat. Im Jahr 1995 entdeckte nämlich der Neurophysiologe Giacomo Rizzolatti bei seinen Versuchen an Makaken – eine Affenart – eine ungewöhnliche Art von Nervenzellen, die so genannten »Spiegelneuronen«. Spiegelneuronen werden da aktiv, wo wir das mitfühlen, was andere fühlen – eine Basis für unsere Fähigkeit zum Mitleid. William Hutchison untersuchte an der Universität von Toronto ihre Arbeitsweise: Einer Patientin implantierte er Mikroelektroden; Elektroden, welche über das Verhalten einzelner Nervenzellen gewissermaßen »Bericht erstatten«. Nun fügte man der Patientin mit einem Nadelstich einen kleinen Schmerzreiz zu. Ganz wie erwartet, feuerten die Neuronen in dem betreffenden Hirnareal. Als nun Hutchison sich aber *selbst* vor den Augen der Patientin stach, hätte sie eigentlich keinerlei Reaktion zeigen dürfen, da sie ja keinem Schmerzreiz ausgesetzt wurde. Und doch wurden dieselben Neuronen aktiv – ein Hinweis darauf, dass die Patientin Hutchisons Schmerz »geteilt« hatte.

Spiegelneuronen sorgen dafür, dass wir das, was einem anderen geschieht, in uns selber nachvollziehen können. Es liegt auf der Hand, dass die Funktion der Spiegelneuronen in einem Amoktäter entweder gestört, oder aber abgespalten sein muss, denn anders könnte er seinem grausamen Tun gar nicht nachgehen. Daher stellt die Rolle von Filmen, die diese Funktion hemmen, insgesamt einen kulturellen Risikofaktor dar. Man kann nämlich sagen, dass diejenigen, die Filme wie »Hostel« oder »Saw« schauen, sich künstlich immunisieren gegenüber dem Leid, das sie einerseits aus Medien kennen und das ihnen andererseits persönlich jederzeit nahekommen könnte. Anders gesagt: Indem sie Filme dieser Art schauen, gewöhnen sie sich daran, die Aktivität ihrer Spiegelneuronen entweder zu hemmen, abzuspalten oder sie sogar mit einer Lust (Popcornessen zum Beispiel) zu koppeln, was dann einer konditionierten, sadistischen Teilstrukturbildung entspricht, die so wohl in unserem Hirnplan nicht vorgesehen ist.

Es hat selbstverständlich Folgen für eine Kultur, wenn sie begünstigt, dass Mitgefühl planmäßig verödet. Denn die Abgebrühtheit potenzieller Täter ist, wie so viele psychische Funktionen, auch eine Sache der Gewöhnung und also der gelebten Praxis. Es ist erwiesen, dass häufig benutzte neuronale Felder auch leichter – und das heißt meist: noch häufiger – benutzt werden. Wenn dies nun jene Felder sind, die uns befähigen, zuzuschauen, wie andere in Öl gesotten oder mit Bohrmaschinen ihrer Augen beraubt werden, dann führt uns diese wachsende Toleranz tiefer in eine innere Verfassung, wie sie dekadente Römer zur Nero-Zeit besaßen.

Was ist das für eine Spaltung, die sich im Anschauen von Folterfilmen zeigt? Die Psychoanalyse spricht von der Fähigkeit zur Ich-Demarkation; einer Fähigkeit, die ursprünglich dazu dient, sich selbst von anderen zu unterscheiden. Das ist gesund – bis zu einem gewissen Grad. Übersteigert grenzt es nicht mehr nur persönliche Phänomene ab, sondern betrifft das Mitgefühl im Ganzen. So wird es dann möglich, im Kolosseum dem grausamen Tod eines Verurteilten beizuwohnen oder sich mit der Chipstüte in der Hand daran zu ergötzen, wie ein Mann auf der Leinwand lebendig verbrennt.

Allerdings – zum Täter macht einen dies noch nicht. Auffällig ist, dass es Länder gibt, in denen der Konsum von Gewaltmedien erheblich höher ist, dagegen das Amok-Phänomen aber keine nennenswerte Rolle spielt. Japan, Russland oder die Türkei wären als Beispiele zu nennen, wobei zu betonen ist, dass die Rate der tatsächlichen gesellschaftlichen Gewalt in den letztgenannten beiden Ländern überdies drastischer ausfällt, als es in Deutschland der Fall ist. Hierzulande ist dagegen zunehmend bemerkenswert, dass noch die Fachbücher zum Mord auf eine Weise dekoriert sind, die die Grenze des Geschmacklosen überschreitet und ziemlich schamlos mit den Mitteln der Actionfilm-Werbung arbeitet (so etwa, wenn der Beltz-Verlag das Buch »Amok im Kopf« mit Einschusslöchern dekoriert).

3. Die modellbildende Funktion der Medien

Klassiker und Kultfilme bekommen in gewaltbereiten Szenen mitunter eine Position, die vom Regisseur so bewusst wohl nie vorgesehen war. Beispiele für so eine Karriere sind »A clockwork

Orange« (Uhrwerk Orange) von Stanley Kubrick und »Natural born killers« von Oliver Stone. Letzterer war unter Skinheads der Nachfolger des Ersteren in der Rolle eines begeisternden, gewalttätigen und alle Hemmungen niederreißenden Films, der eigene Impulse widerspiegelte und der amoralischen Position des Gewalttäters zudem einen medialen Hype verlieh, der für diese Position sonst nicht typisch ist. So verwundert es nicht, dass er auch der Lieblingsfilm der Mörder von Columbine war.

Dennoch entliehen die Columbine-Mörder, wie wir fanden, einen wesentlichen Aspekt ihrer scheußlichen Inszenierung einem anderen Film: »*The basketball diaries*«. Und sie imitierten mit den Ledermänteln auch nicht Micky, den perversen Mörder, den uns Oliver Stone zeigt, sondern den Sympathieträger Jim, der, von DiCaprio gespielt, im Grunde ein guter Kerl ist, auch wenn ihn später das Heroin aufzufressen droht. Die Sequenz aber, an die sich die Mörder von Columbine hielten, ist ganz eindeutig keine, in der wir DiCaprio als abstoßenden Killer erleben, sondern er tritt darin als Rächer auf, mit dem man immer noch sympathisieren kann, was durch den Umstand, dass die Szene sich im Traum ereignet, noch zusätzlich begünstigt wird.

Wenn man mediale Analysen von Amokläufern durchführt, dann stellt man erstaunt fest, dass der mediale Archetyp des Amokläufers bereits in einem Film der 70er-Jahre erschien. Es handelt sich um Travis Bickle, den »Taxi Driver«, der 1976 in die Kinos kam und umgehend für Aufregung sorgte. Travis Bickle, gespielt von Robert de Niro, ist ein Taxifahrer, der den Großstadt-Sumpf austrocknen will. Er ist Vietnam-Veteran, Ledernacken. Er kann nicht mehr schlafen, daher fährt er nachts. Er kennt nicht die Regeln der Welt, in der er jetzt lebt, die Regeln der Zivilisation. Die des Krieges aber kennt er. Und er wendet sie an.

In einer bekannten und oft nachgespielten Szene sieht man Travis Bickle im Raum stehen. Er übt sich in Provokation. »Du laberst mich an? Du laberst *mich* an? Du redest mit *mir*?« Diese Worte spricht er vorm Spiegel, und man bekommt vorgeführt, wie er das Blutbad, das er anrichten wird, nicht allein andenkt, sondern sich förmlich hinein *spielt*. Dazu gehören auch Härtetrainings, Übungen mit der Waffe und die Veränderung seines

Äußeren. Man sieht Travis sein Handgelenk über eine Flamme halten, die Pistolen blitzartig ziehen und wieder wegstecken und endlich erscheint er mit Irokesenfrisur und fällt nun auch optisch aus dem Rahmen derer, die die Zivilisation verkörpern.

Wie er die Regeln des Krieges mit den Regeln des restlichen Lebens vermischt, das zeigt sich noch bevor Travis gewalttätig wird, nämlich als er zu flirten versucht. Eine junge Wahlkampfhelferin, in die er sich verguckt hat, nimmt er mit ins Kino – ein Porno-Kino. Als sie dort sagt: »Das ist doch nicht Ihr Ernst«, weiß er nicht, was er falsch macht gemacht haben soll: »Doch«, sagt er, während man das Stöhnen der Akteure hört, »ich seh das gern.« Klar, wenn er in Vietnam je Filme sah, werden es solche gewesen sein. Und vielleicht hat er von eigener Körpernähe geträumt dabei. Mit dieser jungen Frau aber wird er keine Nähe erleben; und er wird wohl überhaupt keine Nähe erleben. Insofern hat Travis in gewisser Weise recht, wenn er sich selbst übersteigert: »Ich bin Gottes einsamster Mann.«

Solche Sätze höre ich manchmal. Sie sind hochgradig stilisiert und bereiten dabei Katastrophen vor. Zudem sind sie nicht überprüfbar, sie können bei skeptischem Nachfragen jederzeit gerechtfertigt werden durch ein: »Es ist einfach so« oder: »Ich wusste es einfach.« Solche Sätze sind simpel, pathetisch, unangreifbar und hochsuggestiv. Es sind Sätze, die einen Überzeugungstäter kennzeichnen. Travis Bickle ist das, was ein junger Klient von mir einmal über sich selbst sagte: »der Mensch, der strafen darf«. Darf? Wieso denn eigentlich, und durch was legitimiert? Die, die Travis töten wird, haben ihm persönlich nichts getan. Allein die Tatsache, dass sie »Böses« tun, dass sie »Ratten« sind und »Ungeziefer«, genügt. Denn in seiner Selbstinszenierung wird Travis zum ausführenden Organ einer höheren Ordnung, zum Unkrautvertilger im Dienst des Gartens, könnte man sagen.

Der Film zeigt uns auch das Danach des Blutbads. Anders als bei Amokläufen häufig, tötet Travis sich nicht selbst, auch wenn er dies vorhat. Denn die Waffe, die er gegen sich richtet, ist leer geschossen. Doch Travis muss, anders als ein heutiger Amokschütze, nicht mit demütigenden Konsequenzen rechnen. Denn da er einen miesen Zuhälter mitsamt seinesgleichen umgelegt hat und da dadurch eine junge Nutte (Jodie Foster) befreit worden ist, so wird er von den Zeitungen zum Helden ernannt. Das Gefühl, das der Zuschauer dabei bekommt, ist zwiespältig. Denn einerseits sympathisiert man selbst mit dem Mörder und verabscheut die Hingerichteten mit ihm. Andererseits spürt man ein Entsetzen angesichts dieser Reaktion, denn man ahnt, dass hier der Traum des Amokschützen gewissermaßen mediale Wirklichkeit geworden ist: Das unwerte Leben ausrotten und dadurch selbst aus dem Schatten treten, um im Licht öffentlicher Wahrnehmung jenen Respekt zu erfahren, der seine geheime Sehnsucht ist.

4. Die trainierende Funktion der Medien

Als der amerikanische Psychologe Dave Grossman seine These veröffentlichte, nach der in der amerikanischen Kultur Kinder (»Kids«) systematisch aufs Töten hin gedrillt würden, hatte ich mit meinen Analysen der vier Ebenen der Gewalt, eben mit der Analyse der amerikanischen Gewaltmythen im Westernfilm, aber noch nicht begonnen. Was hier publiziert wurde, schreckte mich auf, alarmierte – und überzeugte zugleich unmittelbar, nicht zuletzt durch den Erfahrungshintergrund, den der Autor mitbrachte, und der bei so vielen Publikationen zum Thema »Gewalt« zu vermissen ist, bei denen leicht der Eindruck entsteht, der Forscher habe nie im Leben einem Täter gegenübergestanden.

Worin bestand die aufschreckende These, und wie wurde sie begründet? Grossman (1999) erklärte, dass Kinder beim Spielen kriegerischer Video-Spiele einem Training unterzogen werden, das dem von Soldaten vergleichbar sei. Freilich fehlt ihnen die Hemmung, die durch die militärische Disziplin gegeben wird. Grossman, der selbst einst Soldaten zum Töten »ausbildete«, stellte fest, dass das Spielen am Computer Kindern und Jugendlichen daheim heute eine Ausbildung an der Waffe möglich macht, die vorher aus guten Gründen nur im Rahmen von Institutionen möglich war.

Was diese Veränderung konkret bewirkt, kann man plastisch zeigen. Grossman wies nach, dass der Zustand, in dem ein 14-jähriger Junge aus Kentucky mit genau acht Schüssen acht Menschen lebensgefährlich verletzte (was eine extrem hohe Trefferquote ist), harrscharf dem eines Video-Spielers glich. Er sah Figuren erscheinen, reagierte geübt und nietete sie um. Da – Treffer! Hier auch – Treffer! Da drüben – und wieder getroffen!

Wenn man davon ausgeht, dass es nicht allein die Entschlossenheit ist, die den Amokläufer so gefährlich macht, und selbst der Waffenbesitz noch nicht, dann liegt hier vielleicht wirklich der größte Schrecken, denn wir finden, dass Amokläufer sich offenbar wirklich im Krieg befinden – einem Krieg, für den sie daheim die angemessene Ausbildung durchlaufen. Würde man »Taxi Driver« heute drehen, vielleicht kämen Szenen darin vor, in denen Travis Bickle seine Treffsicherheit schulte – mithilfe der entsprechenden Spiele, düster und entschlossen, den Blicken entzogen, daheim auf seinem PC. Doch hätte dies irgendeine Auswirkung? Die Publikation Grossmans liegt zehn Jahre zurück, und inzwischen haben sich die fraglichen Medien eher auf die Perfektion ihrer perversen Ausbildung konzentriert, als dass es da eine Wendung zum Besseren gegeben hätte.

Nun wird an dieser Stelle bald das vertraute Argument zu hören sein, Bildschirmgewalt und reale, also »draußen« ausgeübte Massaker seien doch zweierlei. Das ist richtig und falsch. Als Hypnotherapeut kann ich nicht bestätigen, dass das Gehirn immer verlässlich zwischen »real« und »irreal« trennt – im Gegenteil. Und was die mediale Wirkung angeht – wenn Werbung nie Erfolg hätte, würde sie dann wohl gesendet werden? Nein, die Annahme, jedes Gehirn sei von sich aus reif und stark genug, Fiktion und harte Wirklichkeit, Medienfigur und menschliches Gegenüber verlässlich zu unterscheiden, ist falsch. Wenn uns in der S-Bahn die weiche, angenehme Stimme auf unsere Station aufmerksam macht, dann wirkt diese Stimme auf uns – und zwar unabhängig davon, ob wir wissen, dass diese Stimme vom Computer generiert wurde.

Militärische Trainings sind im Übrigen an einer Trennung von Fiktion und Wirklichkeit gar nicht interessiert. Die Effekte *sollen* ja sogar übertragen werden. Um dies zu erläutern, müssen wir etwas ausholen. Militärische Trainings setzen nämlich auf zweierlei. Einerseits soll die Zielgenauigkeit dessen, der die Waffe trägt, erhöht werden. Dies ist der eine Effekt des Schießtrainings. Andererseits soll die natürliche Hemmung, auf Menschen zu schießen, gesenkt werden. Das ist der andere Effekt des Schießtrainings, der dadurch entsteht, dass dabei menschliche Silhouetten verwendet werden – oder im Computerspiel Menschen, die sich bewegen. Nun wäre der Hemmungsabbau freilich für das Militär selbst höchst gefährlich, denn der Schütze hat ja überall Menschen um sich und könnte auch auf die Idee kommen, beispielsweise seinen Feldwebel umzubringen. Um dies zu verhüten, wird die Hemmung, die sich vorher auf die menschliche Silhouette, die Illusion eines Menschen also, bezog, nicht völlig abgeschafft, sondern gewissermaßen umgeleitet. Die berühmte und auch berüchtigte militärische Disziplin, durch Exerzieren und mitunter unsinnige Anordnungen eingeschliffen, ist nun das, was hemmt. Die Hemmung ist also keine natürliche mehr, die im Einzelnen verankert ist und auf die man sich – meist – verlassen kann. Sondern sie ist institutionell, und was geschieht, wenn diese Hemmung wegfällt, wird an marodierenden Soldaten ersichtlich, die als die grausamsten bekannt sind, da ihnen alle destruktiven Fertigkeiten geblieben sind, die institutionelle Hemmung aber wegfällt.

Einmal mehr erinnern wir uns hier, dass »Amuk« zu laufen ursprünglich aus dem Kriegsgeschehen kommt. Ein Amokläufer, sagten wir, ist einer, der gegen das Krieg führt, wofür er normalerweise zu kämpfen hätte. Ein *trainierter* Amokläufer hat nun, wie wir sehen, nicht nur seine Zielgenauigkeit gesteigert, sondern auch seine Hemmschwelle gesenkt. Anders aber als der Soldat tritt nichts Institutionelles an diese Stelle – er ist einfach nur weniger gehemmt, zu töten. Es ist diese Verbindung, die ihn so bedrohlich macht: Eine Verbindung, die in der Tat erst durch die betreffenden Spiele möglich geworden ist, bei denen der Spieler die Kompetenzen des Militärs ohne den Halt des Militärs vermittelt bekommt.

5. Die hypende Funktion der Medien

Wenn ein junger Mann die Entscheidung fällt, ein Massaker anzurichten, dann gibt es in dem Moment, in dem seine Tat beginnt, drei Beteiligte. Den Täter selbst und die, die er zu töten gedenkt, so viel ist klar. Wer aber steht an dritter Stelle? Die Antwort lautet: ein Publikum. Ein Publikum, das zunächst aus denen besteht, die Zeugen sind, ohne dass sie die Kugel trifft. Sodann besteht dies Publikum aber auch aus jenen Menschen, die sich im Kopf des Täters um seine Tat herum gruppieren: Eine imaginäre Masse von Leuten, die Zeitung lesen und das Internet nutzen wird, um so viel wie möglich über ihn – IHN – den Täter, herauszubekommen.

Tatsächlich wird dies geschehen. Aus einem vagen Entsetzen heraus oder aus schockierter Neugier, aus dem Wunsch zu verstehen heraus oder aus einer uneingestandenen Lust am Schrecklichen werden Menschen, massenweise Menschen nach Informationen über IHN, den Täter, suchen. Und sie werden dabei aufs Beste bedient. Mal subtil, mal weniger subtil werden wir mit Außenseitergeschichten, Computerspielszenarien und bitteren *homestorys* versehen, mit vorschnellen Analysen und mit jenen Kommentaren, für die man wenig begriffen haben und nur seinen diplomierten Kopf in die Kamera halten muss. Dies alles hilft nicht viel, auch wenn es die Illusion von Hilfe enthält. Ganz im Gegenteil, es schadet.

Denn wenn der Täter sich einer Sache gewiss sein kann, dann einer gewaltigen Aufmerksamkeit. Und zwar einer Aufmerksamkeit, wie er sie normalerweise kaum würde erringen können. Als durchschnittlicher Sportler, nicht hässlich und nicht hübsch, mäßig intelligent und nicht allzu originell – bitte, was bleibt? Vielfach richtet sich ein dumpfer Groll auf jene, die als attraktiv, beliebt, sportlich angesehen werden. Doch es ist nicht allein dies, denn natürlich bleibt eine ungestillte Sehnsucht unter dem Groll, der mal als Neid, mitunter auch als Hass erkennbar wird. Die Sehnsucht nach einer vergleichbaren Position – nach Anerkennung, Begehrtsein, Respekt, zumindest aber Furcht. Einer Position, wie sie zum Beispiel ein britischer Serienkiller und Arzt erhielt, der mindestens 15, maximal sogar 200 Frauen umgebracht hat und 2004 in seiner Zelle erhängt aufgefunden wurde, indem man ihm öffentlich den doch recht prestigeträchtigen Beinamen »Dr. Death« verlieh.

Unsere Betrachtung von »Taxi Driver« zeigte ein Filmende, in dem einem Amokschützen genau dies geschieht, er erhält Aufmerksamkeit und Bewunderung. Nun wäre es naiv, anzunehmen, ein Amokschütze würde ganz konkret auf solche Lorbeeren spekulieren, wie sie Travis Bickle im Film bekommt. Vor solchen Konkretisierungen stehen ja die Beispiele anderer Amokschützen, von denen der werdende Täter weiß, dass sie keineswegs allgemein gerühmt werden. Immerhin aber: Sie werden wahr-, sie werden ernst genommen. Ihre Fotos sind in Tagesschau und Dossiers, auf lokalen und übergreifenden Zeitungen zu sehen. Und für einen Menschen im Schatten gilt die Regel, die wir von Kindern bereits kennen: Eine ungute Aufmerksamkeit ist immer noch besser als überhaupt keine.

6. Die umwertende Funktion der Medien

Das Böse ist glamourös geworden. So ungefähr könnte man die Essenz dessen formulieren, was sich in der medialen Darstellung des Verbrechens getan hat. Nun wird man einwenden, das sei doch nicht neu. Auch die Schurken der Bond-Filme hätten doch stets erheblichen Glamour verbreitet, und wie steht es mit den großen Verbrechern der frühen Filme? Dr. Caligari oder Dr. Mabuse – kein Glamour, keine Faszination? Doch diese Einwände täuschen. Denn, um mit den Bond-Filmen zu beginnen, die Faszination, die vom Verbrecher ausgeht, wird in diesen Filmen immer niedriger angesiedelt als die, die von Bond selbst ausgeht. Insofern relativiert sich das Anziehende, was vom Schurken ausgeht, durch die größere Anziehung, die vom Helden her kommt. Und was die bösen Doktoren angeht, so habe ich beide Gestalten in Untersuchungen zum Bild der Hypnose im Film früher einmal näher betrachtet. Und es unterliegt keinem Zweifel, dass weder von Caligari noch von Mabuse etwas ausgeht, das man tatsächlich als »glamourös« bezeichnen könnte. Sie faszinieren durch Machtfülle, das gewiss. Aber sie betören nicht.

Das jedoch tut ihr moderner Kollege Hannibal Lecter, der menschenfressende Psychiater aus »Das Schweigen der Lämmer« und den beiden Nachfolgern, eben auch eine Koryphäe. Denn als Fachmann ist er demjenigen, der die Klinik leitet, in der er selbst einsitzt, weit überlegen. Und dazu ist er feinsinnig, erotisch und kultiviert. In »Hannibal« hat er das Vergnügen, von der Brustspitze der FBI-Agentin Starling (Jodie Foster) ein Tröpfchen Rotwein schlecken zu dürfen. Zugleich lernen wir ihn als jemanden kennen, der einem lebenden, trepanierten Menschen das Hirn wegisst. Hannibal Lecter ist keineswegs unattraktiv, leider. Um dies nicht zu weit gehen zu lassen wäre es sinnvoll, ihn in einer weiteren Fortsetzung eines hässlichen Todes sterben zu lassen – vielleicht, indem seine gelehrige Schülerin Clarice Starling ihn von der Harnröhre her verzehrt hätte …

Und dann ist da noch der »Joker«, Batmans faszinierender Gegenspieler, der in der früheren Filmfassung von Tim Burton von Jack Nicholson gespielt wurde und dabei zwar Schrecken verbreitete, aber keine Faszination, keinen Glamour. Das tat erst Heith Ledger, posthum für seine Darstellung mit dem Oscar geadelt. Ledger spielte den »Joker« so, dass er – ein vom Zerstören faszinierter, faszinierender Freak – die eigentlich anziehende Figur des Films wurde, der Batman, gespielt von Christian Bale, nicht mehr genug entgegenzusetzen hat. Anders als in den Bond-Filmen ist hier der grausame Mörder die faszinierende, die in allem Freaktum und in aller Abgerissenheit glamouröse Gestalt. Damit aber wurde zugleich der mythische Rächer, für dessen modernes Gesicht ja eigentlich Batman steht, getoppt und seine Essenz auf den Gegenspieler übertragen – ein Ereignis, das weitreichende Folgen haben könnte.

Wir werden im letzten Kapitel dieses Buchs noch einmal zum »Joker« zurückkehren. Zuvor wenden wir uns einem Film zu, der zu den Lieblingsfilmen der Mörder von Littleton zählte. Es handelt sich um »Reservoir Dogs« von Quentin Tarantino, einem Regisseur, der mit seinen Filmen ein Publikum erschloss, welches für Brutalo-Szenen sonst nichts übrig hat. Der Film ist ein Genrefilm, er spielt unter Gangstern und er hat für einen als schockierend bekannten Film nur wenige, allerdings wirklich krasse Szenen, und die sind hinsichtlich des modernen Amoklaufs erhellend.

Der Film beginnt – ungewöhnlich anscheinend für einen Film, der exzessive Gewalt zeigt, aber sehr tarantino-typisch – mit Reden. Männer sitzen am Tisch und diskutieren über die Songs von Madonna. Nur unterschwellig nimmt man etwas anderes wahr im Männergespräch. »Like a virgin« – dieser Song ist ihr Hauptthema. Einer der Männer meint, es gehe um ein sensibles Mädchen. Ein anderer, gespielt von Tarantino selbst (im Film wird er »Mr. Brown« genannt), widerspricht: Es gehe um eine Frau, die viel »rumgebumst« hätte und nun an einen Kerl mit übergroßem Schwanz geraten sei (»Dreißig Zentimeter!«). Da erlebe sie Schmerz, zum ersten Mal nach langem Sex-Leben wieder Schmerz. Und da fühle sie sich, als werde sie entjungfert.

Die Männer, die da reden sind Gangster. Bei einem Überfall werden sie von der Polizei gestellt und liefern ihr eine Schießerei. Einer der Gangster, genannt Mr. Orange, bekommt einen Bauchschuss. Einer der älteren Kollegen, sein Deckname ist Mr. White und gespielt wird er von Harvey Keitel, fährt ihn in ein Lagerhaus. Dort gibt es einen Einblick in die Zärtlichkeit der Gewalttätigen. Der Junge möchte vom Älteren in den Arm genommen werden. Der Ältere tut ihm den Gefallen und kämmt ihn dabei: »Jetzt werden wir dich erst mal wieder richtig schönmachen.« Überhaupt beherrscht dieser Mann einige Sparten der Suggestion. Er fordert Orange auf, zu sagen, dass er überleben werde, und er lässt nicht eher locker, bis er's gesagt hat. Später erläutert er, zärtliche Umdeutung des Orange-Leidens: »Die Eingeweide sind die schmerzempfindlichsten Teile, an denen du verletzt werden kannst, aber es dauert lange, bis man daran stirbt.«

Doch da ist auch eine Mischung von Hilflosigkeit und Kälte angesichts des Sterbens von Mr. Orange. Während Orange stirbt – er stirbt den halben Film über –, beginnen die Mitglieder der Gruppe ihn zunehmend zu ignorieren, machen gar wohl ihre Witze über ihn. Hier sind wir mit einer Gefühlslage konfrontiert, wie sie einer Welt von Waffenträgern, die diese Waffen auch ständig benutzen, angemessen erscheint. Und man ahnt, dass es Gefühlsäquivalente hierzu im Amokschützen geben könnte.

Der Film enthält auch eine Marter-Szene, die so drastisch ist, dass der Horror-Regisseur Wes Craven (sicher kein Softy, wir verdanken ihm die »Scream«-Filme) die Vorführung entsetzt verließ. Dabei erschreckt vor allem ihr Zynismus als ein Merkmal, dem wir bei Amokläufern häufiger begegnen und das wir leicht als ein Merkmal moderner Gewalt identifizieren können. Mr. Blonde (gespielt von Michael Madsen) sagt zum Beispiel in dem Moment, als er anhebt, einen jungen Polizisten zu martern: »Es ist amüsant für mich, einen Bullen zu foltern.« Endlich, nachdem er im Radio eine Hitparade der 70er-Jahre eingestellt und dazu dem Jungen ein Ohr abgeschnitten hat, stellt er die zynische Frage: »War es für Dich genauso schön wie für mich?« Eine Frage wie nach einer Liebesnacht, und dann macht Mr. Blonde Späßchen wie mit einem sehr vertrauten Menschen. In die abgeschnittene Ohrmuschel hinein fragt er: »Hallo, kannst Du mich hören?« Man könnte sagen, dass seine Gewalt einem Dreischritt folgt: Provokation – Sadismus – Humor. Die Gewalt, die er ausübt, stellt dabei das Bindeglied dar und weist auf die sexuelle Überlegenheit zurück, mit deren Fantasie der Film begann und die einem Menschen, der sich selbst sexuell unterlegen weiß, auf hässliche Weise verführerisch erscheinen mag.

Ein jugendlicher Tarantino-Fan, den ich einmal interviewte, gab mir, zur Gewalt in Quentin Tarantinos Filmen befragt, folgende Antwort: »Die Typen, die das in seinen Filmen tun, haben alle Stil. Ich könnte mit ihnen befreundet sein. In ihrer Gewalt zu sein, wäre schon ziemlich Scheiße. Aber ich könnte gut einen Abend mit ihnen verbringen.« Als ich wissen will, inwieweit er glaubt, dass der »Stil« das Empfinden der Gewalt beeinflusst, sagt er: »Er macht sie erträglicher. Normale Thriller sind viel, viel schlimmer.« Stimmt das aber? Der Filmanalytiker Werner C. Barg (1996) glaubt, dass die Gewalt in Tarantinos Filmen eher »Testcharakter« hat.

Allerdings fragt es sich, wer oder was hier getestet werden soll. Wenn mein jugendlicher Gesprächspartner recht hat, dann gelingt es Tarantino, die Gewalt zu verändern, indem er sie in andere Zusammenhänge stellt. Vor allem aber zeichnet er ein Bild von Killern als wirklich coolen Leuten, schwarz gekleidet und hip, diskussionsfreudig, eloquent und zur Freundschaft fähig. Dies hat einen verführerischen Sog, der noch gesteigert wird durch das hintergründige Klima von Verlorenheit, das Tarantinos Filme durchzieht. In »From dusk till dawn«, für den Tarantino das Drehbuch verfasste, gibt es zum Beispiel jenen Satz, den George Clooney zu Harvey Keitel spricht, der im Film einen vom Glauben abgefallenen Priester gibt. Keitel erklärt, seine Frau sei bei einem Unfall gestorben, habe aber, im Wagen eingeklemmt, noch sechs Stunden zu leben gehabt. Clooney darauf, Tarantinos Sprachrohr: »Gott liebt es, das Messer reinzustecken und die Klinge abzubrechen.«

Und dann gibt es eine grausame Form des Understatement und der Umdeutung. Umdeutungen (»*reframings*«) kennen wir als therapeutische Technik, bei der ein Phänomen (in der Regel ein Symptom) durch eine neue, konstruktivere Deutung anders erfahren wird. Das funktioniert allerdings auch umgekehrt. »Kill Bill« beginnt zum Beispiel damit, dass eine männliche Stimme (Bill) die übel zugerichtete Uma Thurman fragt, ob sie ihn für sadistisch halte. Und dann gibt der Sprechende selbst die Antwort, er sei im höchsten Maße *masochistisch* (weil er eben seine Braut und sein Ungeborenes töte). Später wird die Frau, die ins Koma fällt und überlebt, auf ihrem Rachefeldzug ähnlich argumentieren. Es folgen Massaker, die als Comics präsentiert werden, sowie aufspritzende Blutfontänen, die falsch wirken, aber bewusst falsch, also echt falsch. Über einer Halle voller Verstümmelter, die sich in ihrem Blut wälzen, steht die Rächerin, der das Licht aufs Haar scheint, heilig. Weitere Ikonen: die leere Augenhöhle Daryl Hannahs und das zerglitschende Auge unter dem Fuß von Uma Thurman.

Quentin Tarantino hat angeblich mit sieben Jahren bereits Sam Peckinpahs »The wild bunch« gesehen – einen Film auf der Nahtstelle von archaischer und moderner Gewalt, in dem man gleich zu Beginn Kinder sieht, wie sie Skorpione quälen. Das prägt. Tarantino ist selbst der Letzte, der das anders sähe. In seinen Arbeiten erscheint Gewalt stets als etwas Alltägliches, Horror kippt dann in Komik um, diese wieder in Zartheit. Zartheit wird Angst. Angst zu Derbheit. Diese mutiert zur Komik. Woraus sich Horror entwickelt. Und dann vielleicht wieder Romantik. Und immer wieder eben Schmerz, der Schmerz einer Armamputierten, vor der ein Ninja-Schwert geschwungen wird, oder der Schmerz eines Mannes, der sich erinnert. Woran? Vielleicht an andere Zeiten, in denen der Rächer umging. Vielleicht aber auch an Zeiten, in denen das Eingreifen noch leichter schien und die Aufrechten noch wussten, was sie zu tun hatten. Dies auf der individuellen, der institutionellen und der gesellschaftlichen Ebene herauszufinden wird die Aufgabe der nun anschließenden letzten drei Kapitel des vorliegenden Buchs sein.

VIII. Handeln im Brennpunkt

1. Das Machtbewusstsein

Womit beginnen, wenn es nun um unser Handeln geht? Wenn die Frage im Raum steht, was ein Einzelner denn tun kann, wenn er dem Albtraum, den der Amokläufer darstellt, begegnet? Oder worin möglicherweise Wege der Kommunikation bestehen könnten, die den Täter zögern lassen, ihn gar von seinem Handeln fortzubringen in der Lage wären?

Hannah Arendt stellte als politische Philosophin einst Macht und Gewalt gegenüber und meinte, dort wo Macht sei, sei eben meist gerade weniger Gewalt. Ihr assistiert der Psychologe und Daseinsanalytiker Rollo May, der sich in vielfacher Form mit den Gesichtern unseres Fühlens beschäftigt hat. Er gibt von sich an, dass er selbst im Stand der Unschuld bleiben wollte und jede Macht von sich wies – ehe er merkte, dass dies ein Teil des Problems war. Man kommt nicht umhin, anzuerkennen, dass diese Problematik auch im Fall des Amoklaufs bedeutsam ist.

Rache kann gefährlich sein. Normalerweise ist es der Machthabende, der sich ungehemmter rächen kann, weil für ihn die Rache weniger Gefahren beinhaltet. Horst Eberhard Richter hat auf diesen Sacherhalt aufmerksam gemacht. Allerdings muss man hier hinzufügen, dass sich das Gesicht des Machthabenden gerade im Fall des Amoklaufs verändert hat. Denn er, der Amokläufer, erliegt nicht wie im Computerspiel der Suggestion von Macht, sondern er hat tatsächlich welche. Eine Macht, mit der sein Reifegrad in keiner Weise mitgewachsen ist.

Wie dieser Macht begegnen? Wie ihr gegenübertreten? Wie sie – womöglich – verhindern? Der Möglichkeiten scheint es nur wenige zu geben. Was die Unterströmung dieser Form der Gewalt angeht, so werden wir sie nicht dort angehen können, wo wir im Brennpunkt handeln müssen, sie ist nur gesellschaftlich anzugehen und wird uns daher später beschäftigen. Hier nun soll es um das Handeln im Angesicht des Amoklaufs gehen. Doch gibt es da eine Chance, dem Täter die Macht zu nehmen?

Wir könnten natürlich die Lehrer bewaffnen. Aber wer garantiert uns, dass nicht auch im Lehrer ein Amokschütze schlummert?

Die Lösung des Rätsels liegt nicht bei der Macht, sondern beim Macht*bewusstsein*. Ein Mensch kann über Macht gebieten. Aber wenn er nicht auch über das Bewusstsein von Macht verfügt, so wird er sie kaum nutzen. Eine Chance der Einflussnahme bietet sich also dort, wo zwischen dem realen Machthaben und dem mentalen Bewusstsein dieser Macht die Nahtstelle verläuft.

Wenn wir nun das Machtbewusstsein selbst noch einmal aufspalten und erklären, im Fall des Amoklaufs gebe es eigentlich *zwei* davon – nämlich das Machtbewusstsein des Amokläufers hier und das Machtbewusstsein jener, die ihn hindern wollen dort – so hängt nun alles davon ab, das Machtbewusstsein des Täters zu stören und das der Helfer zu fördern. Denn wenn das Bewusstsein des möglichen Helfers das der Ohnmacht bleibt (was natürlich wäre), so wird er nichts ausrichten können. Gewinnt der Helfer aber ein realistisches Bewusstsein seiner *möglichen* Macht, so wird er tun, was immer er kann, um auf die Situation einzuwirken. Und wenn andersherum der Amokschütze das Bewusstsein seiner Macht verliert, sich also nackter und schwächer fühlt, als er es in Wirklichkeit ist, so wächst die Chance, ihn zu stoppen und womöglich zu besiegen.

2. Entwaffnende Kommunikation

Das Ziel jeder Kommunikation im Brennpunkt besteht in der Entwaffnung oder der Behinderung des Täters, im Idealfall auch in einer Ableitung seiner Motivation. Diese Ziele sind hochgesteckt, mitunter wird es schon als Glücksfall angesehen werden müssen, wenn es dem Kommunikator gelingt, ein Zeitfenster zu öffnen, in dem das Töten eine Pause macht.

Tatsächlich ist jede auch noch so kleine Unterbrechung der Trance der Gewalt als eine Chance zu begreifen, das Massaker zu stoppen. Manchmal wird es tatsächlich dahin kommen, dass der Täter im weitesten Sinn entwaffnet wird, was auch bedeuten kann, dass er das Gefühl für seine bewaffnete Stärke verliert. So kommt es also für die Unterlegenen darauf an, eine mentale Kraft zu entwickeln, die den physisch Überlegenen daran hindert, seine Überlegenheit auszunutzen – etwa indem man ihn vom Bewusstsein seines Waffenbesitzes abspaltet.

Wie nun so etwas bewerkstelligen? Angesichts der brutalen Realität der Waffe erscheint doch jedes Wort als klein und schwach, nicht wahr? Gewiss ist dies so. Und doch zeigen Analysen, dass die Waffe Wort keineswegs nichts ist, sondern mitunter die einzige Waffe, die neben einer anderen Schusswaffe noch etwas verhindern kann. Ich kenne Fälle, in denen ein übermächtiges Polizeiaufgebot nichts verändern konnte, weil die Gefahr für andere Zivilpersonen zu groß war, und in denen nur das zähe, hartnäckige, ruhige Sprechen eine Veränderung bewirkte. Für so ein Sprechen erscheinen drei Zugangsformen besonders geeignet, die hier erörtert werden sollen:

- das De-eskalieren
- das Über-eskalieren
- das Irritieren

Die beiden ersten Varianten bilden einander den jeweiligen Gegensatz und sind so auseinander ableitbar. Was unter »Irritieren« zu verstehen ist, wird etwas ausführlicher dargelegt werden müssen; die Darlegung erfolgt unter dem Punkt »Irritation: Der Einbruch des Absurden«. Hier schon erscheint mir der Hinweis wichtig, dass jede dieser Kommunikationsformen schwer praktizierbar ist und Training erfordert. Denn da sie normalen Verhaltensformen zuwiderlaufen, können sie nicht »einfach so« entstehen und müssen gebahnt und eingeübt werden. Auch wird das Lesen dessen, worum es dabei geht, selbst im Leser keine Kompetenz erzeugen, immerhin aber ein Wissen, was es beinhaltet. Wer darüber hinaus dann ein aggressionskompetenter Kommunikator sein will, wird in umgekehrter Form das tun müssen, was der Amoktäter selbst lange getan hat – trainieren.

Schon hier möchte ich anführen, dass mir im Fall des Amoklaufs die de-eskalierende und die über-eskalierende Kommunikation nicht so hilfreich erscheinen wie die dritte Form des

Kommunizierens im Brennpunkt, das planmäßige Irritieren. Doch sind auch sie partiell hilfreich und sollen daher hier erörtert werden. Auch wenn die de-eskalierende Kommunikation dem einen oder anderen Leser vertraut sein dürfte, gilt sie doch als das Mittel der Wahl bei öffentlichen und institutionellen Konflikten und wird sowohl von Sozialarbeitern im betreuten Wohnen als auch von Polizeipsychologen im Dialog mit Entführern verwendet. Über-Eskalation freilich ist, wie ich aus vielen Workshops entnehme, eine wenig bekannte Größe, vielleicht, weil sie dem Bild des *social worker* so entgegengesetzt erscheint.

Kommunikationsformen zu erörtern wird schnell blass, wenn die Beispiele fehlen. Um zu zeigen, welche Mittel der Veränderung des suggestiven Raums der Gewalt wir haben, habe ich daher noch einmal einige Film-Szenen betrachtet. Gemeinsames Merkmal aller dieser Szenen ist, dass darin eine suggestive Spannung entschärft wird und eine Brechung der aggressiven Welle erfolgt. Die Tatsache, dass dies möglich sein könnte, leitet über zu den Methoden, die im Extremfall anzuwenden wären – wobei es die Rolle von Trainings und Arbeitsgruppen sein wird, dies ins Handeln zu überführen, ein Buch muss dazu da sein, zunächst die Prinzipien der Aktivität im Brennpunkt zu markieren.

3. De-Eskalation: Das unerwartete Entgegenkommen

Eine de-eskalierende Kommunikationsform verhält sich zur Kommunikationsweise eines Gewalttäters auf unerwartete Weise kooperativ und entgegenkommend. De-eskalierend zu kommunizieren bedeutet, so zu kommunizieren, dass eine Gewaltspirale nicht weitergeht. Das kann zum Beispiel darin bestehen, dass man eine Überlegenheit nicht ausnutzt, dass man Gesprächsangebote macht, wo keine zu erwarten wären, oder dass man entgegenkommt, wo Widerstand angenommen wurde. Betrachten wir, um dies bildlich zu begreifen, die folgende und sehr ungewöhnliche Western-Szene:

In Arthur Penns »Little Big Man« versucht Dustin Hoffman als Revolvermann einen wild aussehenden Burschen im Saloon zum Schusswechsel zu provozieren, indem er ihn anrempelt und anschnauzt. Es ist ihm unmöglich, auf einem Duell zu bestehen, als der Provozierte (größer und stärker als Hoffman) sich vielmals für sein Im-Weg-Stehen entschuldigt. Schön ist an diesem Beispiel, dass das Opfer, indem es den Täter gerade nicht verachtet, diesem die Möglichkeit zur Veränderung öffnet – die der Outlaw im bezeichneten Film freilich nicht nutzt.

Es ist offenkundig, worin das De-Eskalierende der benannten Szene besteht. In einem Setting, das für gewöhnlich gewaltgeneigt ist und wo das Recht des Stärkeren so lange gilt, bis dass der Sheriff erscheint (wenn er denn erscheint), verwendet jemand Strategien, die dies Gesetz unterlaufen und setting-untypisch sind. Die erwartete Spirale – Provokation erzeugt Gegenprovokation, diese erfährt eine weitere Gegenprovokation, wobei die Mittel sich bis zum Äußersten, dem Waffengebrauch, steigern – wird bereits ganz zu Anfang in eine Straße verwandelt, die aus der Gewalt herausführt.

Ein zweites Beispiel dafür, wie de-eskalierende Kommunikation funktioniert; ich entnehme es ebenfalls einem Western-Film: John Wayne (ausgerechnet er) führt in Henry Hathaways »Die vier Söhne der Katie Elder« eindrucksvoll vor, wie einer Situation Spannung zu nehmen ist, die sich sonst in Gewalt entladen würde.

Ein Revolvermann beleidigt den Vater der vier Brüder. Der jüngste wendet sich an Wayne, seinen großen Bruder, welcher ebenfalls Revolvermann ist, und sagt:

»Der Kerl da hat Vater einen Lügner und Säufer genannt.«

Eine leise, bedrohliche Spannung baut sich auf, ganz kurz nur. Dann grinst Wayne, der keinen Streit will, und meint lässig:

»Nun ja, ich schätze, das ist Vater auch gewesen.«

Feige? Keineswegs. Es wird hier nur keine Ehre verteidigt, die gar nicht da ist. Und, noch klüger: Es wird die Ehre nicht an die Abwesenheit von Fehlern geknüpft. Wer Konfuzius kennt, wird sich darüber hinaus vielleicht noch daran erinnern, dass Beleidigungen einem Menschen seine Ehre nicht nehmen können. Vielmehr entehrt der Schmäher sich selbst.

Wer redet, schießt nicht. Dies ist das Prinzip und der Grundgedanke de-eskalierender Kommunikation. Er ist richtig. Das bedeutet allerdings nicht, dass De-Eskalation immer hilfreich wäre. Betrachten wir, um dies zu erfassen, noch einmal unser Kreuz der Gewalt aus Kapitel III. Wo mag De-Eskalation hilfreich sein, und wo nicht?

Unzweifelhaft hat sie ihre Hauptanwendbarkeit bei der instrumentellen Gewalt, denn diese erlaubt, da der Täter ja etwas erreichen will, Verhandlungen. Im besten Fall wird er so dahin kommen, seine Intentionen anders vorzubringen, oder aber er wird dahin gelangen festzustellen, dass er das, was er will, anders besser erreicht oder sogar schon erreicht hat. Die de-eskalierende Kommunikation hat hier eine Rolle, die man mit der des Judo vergleichen könnte. Im Judo tritt der Kämpfer dem Angreifer so entgegen, dass er dessen Schwung ins Leere laufen lässt. Ein Effekt, der auch da eintritt, wo der Kommunikator dem Angreifer auf unerwartete Weise entgegenkommt. So mag der Sozialarbeiter, der dem Amoktäter begegnet und ausruft, wie wichtig das sei, sich vom aufgestauten Zorn zu erleichtern, einen Moment der Verwirrung erzeugen, der dann für weitere Zügelung des Eskalierten genutzt werden muss. Verständnisvoll zustimmen – eine Haltung, die dem bis an die Zähne Bewaffneten vollkommen paradox erscheinen muss.

Ein anderes, komplexeres Beispiel hierzu stammt aus dem schon erwähnten Film »From dusk till dawn« von Robert Rodriguez, wofür Quentin Tarantino das Drehbuch schrieb. Da gibt es George Clooney alias Seth – er ist der brutale, charmante Profi. Er und Jacob, der Prediger, der seine Familie verloren hat (gespielt von Harvey Keitel), sind ein seltsames Paar. Seth verwendet in einer Szene jenes autosuggestive Sprechen, jene formelhafte Vorsatzbildung, von der wir fanden, dass sie Gewalt für gewöhnlich einleitet. Bezogen auf einen Thekenmann, mit dem er sich angelegt hat, erklärt er: »Ich werde hier sitzen bleiben und diese Flasche austrinken. Und wenn ich damit fertig bin, ziehe ich sie ihm über seinen dämlichen Melonenschädel.« Einen Moment lang ist Ruhe. Dann hören wir Jacob, wie er interveniert: Eindringlich macht er Seth klar, dass dieser eben dabei ist, sich als Verlierer zu erweisen, indem er nämlich nicht registriert, dass er bereits gewonnen hat. Moral: Um ein Gewinner zu sein, muss man das auch *merken*.

Spielt die De-Eskalation auch dort eine Rolle, wo Gewalt kathartisch eingesetzt wird? Unbedingt. Hier vermag sie den Grundimpuls der Gewalt zu würdigen und zugleich Alternativen aufzuzeigen. Und da, wo die Gewalt archaisch motiviert ist, stellt De-Eskalation sogar den Ursprung aller Verhandlungen dar. Wir erinnern uns – archaische Gewalt will eine Ordnung wiederherstellen. De-eskalierende Kommunikation wird dies nicht nur würdigen, sondern als Richtung bejahen. Dann aber setzt sie mit dem Verhandeln an, denn wenn es um die Wiederherstellung von Ordnung geht, dann kann man über die Mittel sprechen, mit denen diese zu erreichen ist.

Manchmal kommt der geschulte Kommunikator beim Deeskalieren dem Täter im Gespräch so nahe, dass er ihn anregen kann, klüger und für sich selbst nützlicher zu handeln. Was zum Beispiel die anscheinend so verachtenswerten anderen angeht, so mag von Steve McQueen erzählt werden, der in »Nevada Smith« von Henry Hathaway den Namen »Max Sand« trägt. Er musste erleben, dass sein Vater und seine Kiowa-Mutter gefoltert und getötet wurden. Als er später seinen Rachefeldzug beendet, wird er einen Angeschossenen liegen lassen mit den Worten, er sei es ja nicht wert, getötet zu werden ... An diesem Punkt wendet er sich von der Gewalt ab, berührt von einer Seite des Ehrgefühls, die man sich zunutze machen kann, die andere ist die eines Spiels mit Regeln: Ehre und Unehre des Krieges.

Im Lesen dieser Zeilen werden Sie vermutlich die Stirn gerunzelt, vielleicht den Kopf geschüttelt haben. Sind denn solche Szenen der De-Eskalation wirklich denkbar, wo ein Mann Menschen wie bei einer Hinrichtung zusammenschießt und Töten im Kopf hat, immer nur Töten? Natürlich nicht ganz. Es geht mir in diesen Ausführungen und Beispielen in erster Linie um das *Prinzip* der De-Eskalation, und es gäbe einen Fehler ab, zu viele beispielhafte Interventionen zu veröffentlichen, die dann der Täter kennen könnte. Diese müssen für jene reserviert bleiben, die später die Kommunikatoren im Brennpunkt bilden. Immerhin, das Prinzip wurde deutlich. Und es wurde auch deutlich, dass die Rolle der De-Eskalation im Fall des Amoklaufs nur eine kleine sein kann, denn der Täter eskaliert ja nur begrenzt, seine Wut ist, wie wir fanden, kalt.

Können wir die Rolle der De-Eskalation noch prägnanter, vielleicht gerichteter umschreiben, als wir es bislang taten? Vielleicht. Denn mir scheint, dass die Rolle der De-Eskalation eine zwar kleine, aber gleichwohl wichtige ist, die sich allerdings auf einzelne Zonen beschränken muss. Diese Zonen wären vor allem jene, die sich unmittelbar vor oder zu Beginn des Amoklaufs eröffnen. Hier setzt die innere Steigerung ein, hier ist ein Teil des Grolls noch zugänglich und nicht – oder nicht ganz – so heruntergekühlt, dass da von Schmerz keine Rede mehr ist. Und endlich ist zu diesem Zeitpunkt noch zumindest vage einzuschätzen, inwieweit die Gewaltneigung des Täters instrumentell oder kathartisch ist – jedenfalls, wenn wir Leute zuziehen können, die den Täter etwas kennen.

De-Eskalation ist also oft hilfreich, wenn die Gewalt instrumentell oder kathartisch ist. Bei archaischer Gewalt ist sie sogar das ursprünglichste Verhinderungsmittel. Bei der modernen Gewalt allerdings hilft sie beunruhigenderweise kein bisschen. Denn hier soll ja eine Ordnung überschritten werden, ein Verstoß stattfinden, und dies lässt alles Reden, alles Entgegenkommen und Verhandeln unsinnig werden. Wenn es mir erlaubt wird, etwas kaputt zu machen, so liegt keine Überschreitung mehr vor. Und ist ein sadistischer Impuls im Spiel, so wird De-Eskalation als Schwäche interpretiert und kann sogar den Sadismus noch steigern. Und auch da, wo der Täter primär dem Mythos des Rächers folgt, seine Frustration und seine ursprünglichen Intentionen also schon entweder weit abgespalten, oder aber modifiziert hat, hat sie keinen Platz. Betrachten wir hier daher hier nun die Über-Eskalation, die ihr Gegenstück bildet, und erproben deren Stellenwert.

4. Über-Eskalation: Die Sehnsucht, besiegt zu werden

Über-Eskalation scheint etwas mit Übersteigern zu tun zu haben. Denn sie setzt der Eskalation noch eins drauf. Das bedeutet eine Demonstration – die Demonstration von Selbstbewusstsein bis an die Grenze der Idiotie. Doch ist diese Demonstration mitunter ausgesprochen hilfreich. Dann nämlich, wenn der Täter Freundlichkeit und Entgegenkommen mit Feigheit, Schwul- und Weibischsein gleichsetzt, was unter Gewalttätern nicht selten ist, und wenn er zugleich die geheime Sehnsucht nach Halt mitbringt, was aufgrund der Anpassungswünsche, die wir eingangs benannten, zu erwarten ist.

Über-Eskalation ist nicht freundlich, und eine Einigung sucht sie auch nicht. Anstatt auf Verständigung zu setzen, unternimmt sie etwas ganz anderes: Eine Demonstration von Autorität. Laut kann sie dabei werden, die Stimme schrillen lassen. Manchmal fliegt eine Flasche. Wer auf Über-Eskalation setzt, will Neuorientierungen bewirken. Er hat zu diesem Zeitpunkt schon erkannt, dass der Täter mit einfühlendem, relativierendem oder behutsam fragendem Sprechen nicht zu stoppen ist – weil er sich eben auch nicht stoppen lassen will. So tritt der Eingreifende ihm mit der Waffe des heiligen Zornes versehen entgegen und brüllt womöglich, was ihm einfalle, was ihm *überhaupt* einfalle, hier so einen Lärm zu veranstalten, sich so lächerlich zu kostümieren und hier in aller Öffentlichkeit sich wie der letzte Dreck zu benehmen. Hier schnappt die Stimme vielleicht über. Der Schreier in der Über-Eskalation zieht alle Register eines brutalen, abwertenden Vaters und setzt selbst dem Scheußlichsten noch eins drauf, denn sein Ziel ist es, hasserfüllter zu sein als der Hasser, wütender als der Wütige.

Hilft so was? Ja. Manchmal. Ich habe es schon erlebt. Denn auf Über-Eskalationen ist der Amoktäter nicht gefasst, er erwartet Angst und Demut, Schrecken und Flucht. Auf Wut, auf ungezügelte Wut dagegen ist er nicht gefasst. Doch zugleich hat er für sie so etwas wie einen empfangsbereiten Schaltkreis, denn sie gehört ja selbst zum Zyklus der Gewalt, für den er, der Täter, steht. Insofern ist die Demonstration, die in der Über-Eskalation liegt, mit den Demonstrationen der Väter oder der Autoritäten verwandt, die dem Täter entweder aus der persönlichen Erfahrung oder aber medial vermittelt bekannt sind. Der wutentbrannte Ausbilder, wie er in Stanley Kubricks »Full Metal Jackett« erscheint, gehört geradeso dazu wie der überlegen lächelnde Gangsterboss, der dem aufrechten Jungen, der ihn gern erschießen würde, die Waffe aus der Hand nimmt.

Für Fälle moderner Gewalt bedeutet Über-Eskalation, dass

der Kommunikator den Täter so klein werden lässt, dass dieser zur Überschreitung unfähig wird. Ein Sadist erlebt sich wieder als das, was er ist: machtorientiert und dort, wo ihm die Macht begegnet, ohne Mut. In Fällen archaischer Gewalt geht der Über-Eskalierende in die Rolle der übergeordneten Autorität – und dabei ist es dann sogar gleichgültig, ob die Gewalt ursprünglich noch kathartisch oder instrumentell aufgeladen war.

Hier halten wir inne für ein kurzes Nachdenken. Wer ein Buch über Gewalt schreibt, kommt, wenn er ehrlich bleiben will, kaum umhin, sich mit dem eigenen Gewaltpotenzial und mit dem Genuss an der Gewalt zu beschäftigen. Manche Autoren tun dies nicht, sie schildern seitenlang Attentate und Torturen, ohne über sich selbst zu sprechen, und das macht sie anzweifelbar. Andere Schriftsteller wie Hans-Christoph Buch dagegen stellten auch die Verführung, die von der Gewalt für sie ausgeht, dar. Das kommt mir, trotz des Geruchs von Gewalt-Tourismus, der einem da in die Nase steigt, verdienstvoll vor. Wie reagieren wir selbst auf die Massaker – spontan und unmittelbar? In mir lösen sie Entsetzen aus, Wut dann aber auch. Ich erlebe den Wunsch, dem jungen Kerl, der da schoss, einmal von Mann zu Mann gegenüberzutreten. In der Metapher gesprochen, könnte man sagen, ich reagiere offensichtlich auf das Bild, das der Western vermittelt, und in dem es typisch wäre, dass dem bewaffneten Täter ein Mann der Ordnung gegenübertritt, um ihn zu stoppen.

Möglicherweise sucht der Täter einen solchen Mann der Ordnung tatsächlich insgeheim. Denn wenn ich in den 20 Jahren meiner klinischen Arbeit etwas gelernt habe, dann dies: Der Täter, der Böse, der Aggressor hat stets ein Bedürfnis, überwunden zu werden. Anders und entwicklungspsychologisch betrachtet: Er hat ein Bedürfnis nach Halt. Diesen Halt aber ersehnt er sich nicht in Form eines brutalen Zurückschlagens der Umwelt, sondern in Form eines Bezwungen-Werdens, bei dem ihm doch der Respekt nicht versagt wird. Oder bei dem er diesen Respekt überhaupt erstmals erfährt. Und bei dem die Mittel, mit denen gekämpft wird, andere sind als die, die der Täter selbst verwendet.

Schön wird diese Sehnsucht in Michael Endes »Jim Knopf

und Lukas, der Lokomotivführer« ausgedrückt. Den Drachen zu besiegen, heißt darin, ihn kampfunfähig zu machen und ihn zu fesseln, nicht aber, ihn zu töten. Erst dadurch, dass der Bezwinger in all seiner Stärke auf die Methoden des Drachen verzichtet, vermag dieser sich wirklich besiegt zu fühlen. Und wenn natürlich solche Modelle zunächst einmal psychische Grundelemente bestimmen, so sind diese doch wichtig genug, um in die Diskussion einbezogen zu werden.

Die Annahme hinter diesen Überlegungen ist die, dass der Täter nie ganz das kriegt, was er sucht. Und an diesem Spalt setzt die Arbeit, die intervenierende Arbeit des Kommunikators an. Doch gelingt diese Arbeit nur dann, wenn der Erwachsene dem Täterjungen gänzlich als Autorität entgegentritt – und das bedeutet, auch als eine Instanz, die selbst richten, aber auch aufrichten darf. Auf der kindlichen Ebene würden wir bei dem, was die Über-Eskalation bewirkt, wohl von »Grenzen setzen« sprechen, aber das ist natürlich, obgleich modisch, ein arg unzutreffender Begriff, verharmlost er doch über Gebühr.

Und doch … Ist der Amokläufer auch als Täter in der Regel ein Einzelgänger, so ist er doch von der Gesellschaft nicht frei. Im Gegenteil legt er es ja darauf an, diese zu beeindrucken – und fürchtet nichts mehr, als in ihren Augen gänzlich durch die Roste zu fallen, was in seinen Augen zum Beispiel beim Enttarnt-werden als verklemmter Homosexueller unbedingt der Fall wäre. Im Amoktäter wirken Rudelprägungen – zum Einzeljäger, der sich um die anderen nicht schert, ist er nicht geschaffen. Kein streunender Tiger, eher der räudige Wolf oder – eher noch – der verwilderte Hund ist es, mit dem wir es zu tun haben. Und ähnlich wie bei diesem muss die Autoritätsfrage auf einer höheren, einer gesteigerten Ebene gestellt werden. Diese, die Frage nach der Autorität, berührt sich dann mit der Idee der soldatischen Disziplin, die allein der Sicherheit im Umgang mit der Waffe Halt und Richtung geben kann, ebenso wie mit der Idee des Kriegers, dem man Ziele geben muss, damit er seine Kampfenergie sinnvoll ausrichten kann. Alles dies aber verlangt eine Klärung der Dominanz – eine Klärung, wie sie mitunter durch Über-Eskalation herbeizuführen sein mag.

5. Irritation: Der Einbruch des Absurden

Jeder der hier dargelegten kommunikativen Vorstöße entspringt einer Not, wie sie deutlicher kaum sein könnte. Das kann nicht oft genug betont werden, denn es ist nicht meine Absicht, Kommunikationsweisen zu etablieren, die bei Amokläufern dann mal ausprobiert werden, worauf diese bereitwillig ihre Waffen niederlegen, in sich gehen, vor Scham zu weinen beginnen und am nächsten Morgen zu nützlichen Mitgliedern der Gesellschaft mutieren. Nein, ich bündele und steigere hier Verfahrensweisen, die sich im Umgang mit ausbrechender Gewalt bewährt haben und die ich in Workshops vermittelt und weiterentwickelt habe. Alles, was dabei gelernt wird, kann helfen – und nichts hat einen Anspruch darauf. Wir haben es im Fall des Amoklaufs ja mit einer verzweifelten Lage zu tun. Und jeder kommunikative Zugang mehr ist ein Stein mehr für Davids Schleuder und kann Goliath, den unreifen Waffen-Goliath, in seiner Selbstüberhöhung treffen und reduzieren.

Vielleicht wird man hier einwenden, man könne aber doch alles auch noch schlimmer machen. Dies gehört zu den oft gehörten Bedenken. Es entspringt der Idee, eigentlich sei doch alles noch gar nicht so wild, und die eigentliche Grausamkeit könne erst noch kommen. In einem Gangsterfilm mag das ja sogar stimmen. Aber schon angesichts einer gewaltgeilen Schlägertruppe wird es zur Illusion, denn wer Gewalt wirklich will, der erzeugt sie auch, ganz gleich, ob die anderen nett sind, oder nicht. Und die einzige Chance, die wir in diesem Fall haben, ist die, mental größer zu werden als der Täter (was bei der Über-Eskalation der Fall ist), oder aber diesen so in seinem Tun zu irritieren, dass er dies nicht einfach so fortsetzen kann.

Bitte versetzen Sie sich für einen Augenblick in die Rolle eines Amokschützen hinein. Was ist seine Haltung, wie seine Wahrnehmung, und was ist das vorherrschende Gefühl dabei? Ich formuliere diese Fragen ganz ernsthaft. Denn eine umgekehrte Nutzung jener Spiegelneuronen, die uns ein Mitfühlen mit Opfern ermöglichen, sollte auch zum Mitvollzug dessen geeignet sein, was der Täter fühlt.

Wenn wir uns hier an den Innenraum des Täters erinnern,

wie er im vierten Kapitel eröffnet wurde, so wird deutlich: Der Täter hat eine veränderte, eine enger gewordene Wahrnehmung, seine Haltung ist die eines Rächers und Töters (nicht Mörders), und sein Gefühl ist kalte Wut an einer Stelle, wo diese ins Spielerische umspringt. Wer diesem Täter de-eskalierend begegnet, wird oft wenig erreichen und sterben wie die anderen. Wer ihm über-eskalierend begegnet, ruft dagegen das Motiv des Sheriffs auf, der überlegenen, manchmal brutalen Autorität. Dies kann gelingen – zumindest sind die Chancen höher. (Was die Chancen allen kommunikativen Einwirkens hinsichtlich des Amoklaufs überhaupt angeht, so kommen wir am Ende dieses Kapitels noch einmal darauf zu sprechen.) Wo beide aber nicht helfen werden, da hilft vielleicht das anscheinend vollkommen Unpassende, das Absurde, das um seiner Absurdität willen in das Bewusstsein des Täters da einzudringen vermag, wo geläufige oder erwartete Phänomene an diesem abgleiten oder aber bereits Teile der inneren Inszenierung sind, die der Täter soeben in die Außenwelt transportiert.

Die inzwischen verbreitete Ansicht, das Bewusstsein des Täters sei während des Tathergangs hermetisch abgeriegelt und er sei daher auch unzugänglich gegenüber jeglichen Einflussversuchen, erscheint mir zumindest fraglich. Ohne Frage aber ist das Bewusstsein des Täters in Trance verengt, seine Gefühlslage dissoziativ, seine Intention von gerader Zielgerichtetheit. Und doch muss er flexibel handeln – in Momenten, wo er sich umorientiert, den Ort wechselt, womöglich flüchtet, muss das Bewusstsein vorübergehende Erweiterungen vollziehen, ohne die so ein Handeln nicht vorstellbar wäre.

Betrachten wir das Bewusstsein des Täters unter dieser Prämisse – dass es nämlich schwer zu verändern ist, aber nicht hermetisch abgeriegelt –, so ergibt sich die Frage, wie in diesen weitgehend, aber eben nicht vollkommen verschlossenen inneren Raum hineinzukommen ist. Hierbei hilft die mediale Analyse, insbesondere die des Films wieder weiter, denn in Trance – dem Zustand, in dem der Täter sich befindet – erleben wir etwas, was man auch als »inneren Film« bezeichnen könnte. Der Begriff »Film« ist hier insofern wichtig, als er technische Möglichkeiten nahelegt, die für unsere innere Wahrnehmung tatsächlich charakteristisch sind – Zoom und Überblendung, Schnitt und Zeitlupe sind für innere wie für »äußere« Filme typische Mittel, die im Theater hingegen nicht anwendbar sind.

Wir dürfen darauf rechnen, dass sich auch im Täter solche Bilder schon lange vor dem Augenblick abspielen, da er zum Täter wird. In dem Moment aber, da er den inneren in den äußeren Film umzuwandeln beginnt, kommt für uns alles darauf an, diese Bilder zu stören und damit das innere Geschehen, so wie es erdacht und konzipiert wurde, zu blockieren. Ziel unserer Störungen wird es sein, den bildhaften Plan, der der innere Film ja weitestgehend ist, in sich zu erschüttern und damit Raum und Zeit für veränderndes Handeln zu finden.

Wie können solche Störungen aussehen? Gehen wir noch einmal zum Western, der Geburtsstätte des im Amoktäter wirkenden Mythos, zurück. Manche Western setzen tatsächlich irritierende Szenen ein, meist, um coole, die Gewalt gewissermaßen umkehrende Szenen zu bilden. Zum Beispiel haben in Sergio Leones »Zwei glorreiche Halunken« (im Original »The good, the bad, and the ugly«) drei Schurken Eli Wallach in die Zange genommen und wollen ihn ausliefern, um das Kopfgeld, das auf ihn ausgesetzt ist, zu kassieren.

»Bist du nicht der, auf dessen Kopf 2000 Dollar ausgesetzt sind«, so fragt einer.

»Stimmt«, hört man in diesem Moment den hinzugekommenen Clint Eastwood sagen, »aber du siehst nicht aus wie jemand, der 2000 Dollar kassiert.«

Genügte dies? Im Fall eines Amokläufers wohl nicht, es gibt bloß die Richtung vor. Die Richtung ist Störung, ist Umdeutung und damit potenziell Umlenkung der Blickrichtung des Täters. In Filmen wird meist die verbal-coole Form solcher Störungen bevorzugt; wohl, weil man sie sich besonders leicht merken kann und sie für markige Sprüche taugen. In Tarantinos »Reservoir Dogs« sagt zum Beispiel ein Gangster der härteren Sorte den Satz: »Psychopathen sind keine Profis.« Das ist eine kluge Umdeutung, denn sie ist hart, also täternah, und doch erscheint der Täter darin als der Irre, der er nicht sein will. In Sidney Pollacks »Die Dolmetscherin« heißt es, Rache sei die feige Form der Trauer. Das ist genauso gut. Denn wenn der Täter auch mit seiner Feigheit den modernen Tabubruch betreibt, so ist dies doch etwas anderes, als öffentlich als Feigling dazustehen.

Steigerungen solcher störenden Kommunikation wären weniger cool, und dafür noch unerwarteter. So könnte man sich bei einem Täter für die Lektion bedanken, die Welt sei nicht nur gut. Und doch reicht dies alles nicht aus, auch wenn die Richtung, um die es geht, allmählich prägnanter und leichter erkennbar wird. Es kommt ja alles darauf an, den Täter wirklich durcheinanderzubringen, zu irritieren und womöglich neu zu orientieren. Dafür sind die coolen Sprüche – so richtig sie sind – mitunter doch zu kopforientiert, und sie dringen durch die dichte Bewusstseinswatte, in die sich der Täter gepackt hat, gar nicht durch. Es braucht andere, dem filmischen *Bild* und nicht der Sprache verwandte Interventionen.

Stellen Sie sich vor, eine Figur in einem Computerspiel erscheint im Fadenkreuz, und anstatt sich normal zu verhalten, singt sie plötzlich ein Weihnachtslied oder tanzt mit sich selber Walzer. Was geschieht? Für einen Moment gibt es eine Irritation. Diese Irritation aber bringt Zeit. Und Zeit ist der heißeste Stoff in der Krise, in der akuten Gefahr.

Um abermals nicht der Gefahr der Vereinfachung oder Verflachung zu erliegen: Die Irritation durch Einbruch des Absurden ist eine hochpotente, gerade im akuten Krisenfall anwendbare und auch speziell für diesen konzipierte Intervention. Ich entwickelte sie für Situationen, in denen die Trance-Verdichtung eines für sich oder andere gefährlichen Menschen so dicht ist, dass Außenreize nur dann den Zustand unterbrechen, wenn sie den Inhalten und der Bebilderung dieser Trance gänzlich widersprechen. Der Widerspruch zu Wut, kaltem Hass, inszenierter Rache und mythischem Auftreten aber sind Lächerlichkeit, Komik, derber Spaß und Übersteigerung, Leutseligkeit oder demonstrative Harmonie ebenso wie geplante Ungeschicklichkeiten oder überhöhte Feinheit. Szenenhumor aus dem Slapstick ist ebenfalls passend – einen wilden Ausbruch auf einer psychiatrischen Station konnte ich einmal nur unterbrechen, indem ich meine Kaffeetasse konzentriert und theatralisch auf den Fußboden goss, was den Aggressor zu der irritierten Frage veranlasste, was in Dreiteufelsnamen denn dieser Unsinn solle. Käme es in der Unterbrechung des Amoklaufs zu einer solchen Situation, so wären wir beträchtlich vorangekommen und könnten nun weiter tasten und erkunden, inwieweit de-eskalierende Wege des Sprechens die Latte der Gefahr weiter zu senken vermöchten.

6. Die Chance, dass es gelingt

Wenn wir Kommunikation gegen Waffen setzen, das gut gemeinte Sprechen und Agieren gegen die totwollende Gestik mit der Waffe, dann werden viele leise Zweifel daran anmelden, dass hier irgendein Blumentopf zu gewinnen ist. Haben wir es nicht mit einer von vornherein aussichtslosen Angelegenheit zu tun? Um hierzu Stellung zu beziehen, möchte ich eine kleine Geschichte erzählen.

Nahe Pretoria wurde ein Mann auf dem Weg zur Arbeit von einem Python angefallen. Die Riesenschlange stürzte auf einem engen Weg auf ihn zu, niemand wusste, ob sie vielleicht aus einem Baum gefallen war. Sie griff den Mann an, umschlang und würgte ihn. Sie drückte ihm den Brustkorb zu und ließ ihn nicht mehr atmen. Immer weniger atmen ließ sie ihn, und der Mann spürte, wie das Leben sich aus ihm zu verabschieden begann.

Hatte er eine Chance? Man rechnet pro Meter Riesenschlange kräftemäßig einen Mann. Das bedeutet: Nein, er hatte keine Chance, genauso wenig wie wir angesichts eines bewaffneten Mörders, der ein Massaker anzetteln will. Wie aber ging die Geschichte nun aus? Wurde der Mann erstickt und gefressen?

Er wurde es nicht. Denn in seiner Verzweiflung tat der Mann etwas, wovon wir wieder sagen würden, es sei aussichtslos – er biss die Schlange in den Hals, direkt unterm Kopf, biss sich fest und ließ nicht mehr los, bis die Schlange *ihn* losließ, und dann griff er sich einen Knüppel und schlug den Python tot. Hinterher häutete Lucas Sibanda, so heißt der Mann, das tote Reptil und brachte die Schlangenhaut heim in sein Haus, wo sie heute an der Wand hängt.

In dem Moment, in dem wir mit dem Amoklauf konfrontiert sind, gleicht unsere Situation der Lucas Sibandas. Offensichtlich haben wir keine Chance, denn wir sind unbewaffnet angesichts eines Mannes, der von Waffen starrt. Der Mann mit der Waffe ist der Python. Wir haben, rechnerisch gesehen, keine Chance, aber die müssen wir nutzen.

Würde es uns vielleicht helfen, still zu bleiben? Hoffen wir, dass wir dann davonkommen? Wir kennen dies Muster, es ist als »Totstellen« bekannt, aber es hat wenig Aussicht auf Erfolg. Vielleicht hatte Lucas Sibanda auch gedacht, der Python werde ihn ignorieren, wenn er sich nur still verhielte. Aber das sah der Python ganz anders. Vielleicht ist ein Python nicht wirklich böse, aber in diesem Moment war er der größte Feind, den der Mann haben konnte – und das heißt, er musste alles tun, um ihn zu besiegen, wirklich alles. Der Unterschied zwischen Lucas Sibanda und anderen Menschen, die in der Umklammerung der Schlange gestorben wären, ist neben jener Portion Glück, auf die nie irgendwer verzichten kann, die vollkommene Entschlossenheit, diese winzige Chance, die sein Schicksal ihm hinhielt, zu nutzen.

IX. Institutionelles Verhindern

1. Der Notplan

Der arme und heldenhafte Lucas Sibanda war allein, als ihn der Python überfiel. Das wird vielleicht auch die Lehrerin oder Amtsmitarbeiterin sein, wenn der Amokschütze ihr begegnet. Doch anders als im Fall des Südafrikaners könnte ihr die Institution, in der sie wirkt, bereits im Vorfeld geholfen haben und auch im Moment der Begegnung noch helfen. Wie? Um dies zu erkunden, betrachten wir zunächst, was eigentlich vorgesehen ist für den Fall, dass ein Amokläufer das fragliche Gebäude betritt.

Obwohl ich selbst an Notfall-Kommunikationstrainings für Lehrer und andere Sozialberufler arbeite, glaube ich nicht, dass man hiermit *allein* das Phänomen »Amoklauf« in den Griff bekommen wird. Diese Annahme wäre naiv und sie würde bedeuten, denselben Fehler, den diejenigen, die den Amoklauf zu individualisieren versuchen, komplementär zu begehen. Trainings dieser Art sind dennoch nötig, um die Kompetenz der Verantwortlichen im Ernstfall zu erhöhen und so vielleicht Schlimmstes zu verhüten. Sie werden aber nicht verhindern, dass weiterhin junge Männer Massaker planen, ihre Treffsicherheit schulen und sich mit Waffen versehen. Um hier etwas zu verhindern, müssten wir gesellschaftliche Wandlungen ins Auge fassen, wie sie gegenwärtig noch nicht einmal ansatzweise begonnen haben. Doch auch institutionell können wir andere Wege gehen als die bisher eingeschlagenen.

Normalerweise hat eine Institution, die zum Schauplatz eines Amoklaufs werden kann, so etwas wie einen Notplan. Dies gilt gegenwärtig vor allem für Schulen. Der Notplan sieht üblicherweise vor:

- eine verschlüsselte Warnung durchs Gebäude zu schicken,
- sofort mit der Polizei Kontakt aufzunehmen,
- Schutzmaßnahmen für mögliche Opfer zu ermöglichen,

- Informationen über den Täter zu sammeln, die hilfreich sein können.

Man erkennt schnell, dass der dritte Punkt der heikelste ist. Die im letzten Kapitel aufgeführten Maßnahmen der Kommunikation im Brennpunkt leisten hierzu einen Beitrag. Allerdings sind sie an die Aktivität Einzelner geknüpft und berühren die Institution nur insoweit, als sie für Schulungen sorgt. Gäbe es hier weitere, sowohl für den aktuell eintretenden Notfall als auch für die Prävention nützliche Maßnahmen? Ich denke, ja. In den nachfolgenden Passagen werden einige davon vorgestellt und reflektiert.

2. Unmittelbare unangenehme Konsequenzen

Die Schülerschaft einer ländlichen Schule, die Belegschaft eines städtischen Amts, in die ein Amokschütze eindringt, sie bieten ein entsetzliches Bild. Einige stehen stumm und entgeistert da wie zur Bewegungslosigkeit verurteilt. Andere laufen hin und her, kopflos, wie es scheint. Wieder andere, die ihnen ähnlich wirken, weinen wild und schütteln die Köpfe. Alles dies sind biologisch weitergegebene Reaktionsformen auf physische Bedrohung. Doch die »Schreckstarre« ist ebenso wie ihr Gegenstück, der so genannte »Bewegungssturm« leider wenig hilfreich, um ernsthafter physischer Bedrohung zu begegnen.

Der Begriff »Bewegungssturm« geht auf den Psychiater Ernst Kretschmer zurück, der ihn in den frühen Jahrzehnten des 20. Jahrhunderts verwendete. Gemeint ist das, was wir in der Alltagssprache eine hysterische Reaktion nennen – aufgeregtes Kreischen, Durcheinanderschnattern und zielloses hin und her Rennen. Ebenso wie die Schreckstarre (die wir als »Totstellen« kennen) hat der Bewegungssturm eine solide biologische Herkunft. Sorgt die Schreckstarre dafür, dass – wie im Fall des Kaninchens vor der Schlange – das unbewegte Tier mit seiner Umwelt verschmilzt und die Schlange, die schlecht sieht, ihr Opfer nun schwieriger orten kann, so bewirkt der Bewegungssturm – hier ist das bekannteste Beispiel das kreischende Durcheinander einer Schar Hühner im Angesicht des Fuchses –, dass der Räuber sich schwerer auf ein einzelnes Tier konzentrieren kann, da jedes in der anonym gackernden Masse verschwindet, was die Chance auf ein Entkommen wie im Fall der Starre für die Beutetiere erhöht.

Sowohl schreckhaftes Erstarren als auch wildes Durcheinander sind als Reaktionen auf Gewalttäter bekannt. Oft werden sie im Nachhinein benannt, wenn davon die Rede ist, dass die Mitarbeiter eines Amts »starr vor Entsetzen« zuschauten, wie einer ihrer Kollegen blutend zusammenbrach, oder wenn berichtet wird, dass die Schüler einer angegriffenen Schule wild schreiend und weinend durcheinanderliefen. Wir zeigen eine dieser Reaktionen – selten beide, es ist typabhängig, zu welcher ein Mensch tendiert – ganz unvermittelt und ohne jede Planung, sie gehören zu einer biologischen Grundausstattung, die sich vielfach bewährt hat, und die – wie sich leider oft zeigt – einer modernen Situation, für die noch keine über Jahrtausende erprobten und bewährten Verhaltensformen vorliegen, völlig unangemessen ist.

Wollen wir finden, was denn wirken könnte, so können wir uns stattdessen auf Daten berufen, nach denen sich Gewalttäter von zielgerichtetem Schreien, appelativen Hilferufen, aber auch von verbalen Attacken durchaus beeindrucken lassen. Von Vergewaltigern und U-Bahn-Aggressoren wissen wir um die verhindernde Wirkung lauten Schreiens. Wäre auch der Amokläufer davon behinderbar? Allein vom Geräuschpegel sicher nicht, er hört ja Schreie, panische, schrille. Jedoch – wie ist es mit einem Lärm, der wirklich behindert? Wie mit Schreien, die ihn persönlich treffen? Wie womöglich mit der Zurschaustellung öffentlicher Blamage?

Wir erinnern uns, dass der Amokläufer eine feige Tendenz und gleichwohl den starken Wunsch nach Respekt hat. Dies bedeutet, er fürchtet nichts mehr als öffentliche Demütigung, als Blamage. Von einigen Amokläufern wurde im Nachhinein bekannt, dass sie nichts weniger ertrugen, als im Spiel oder im Wettkampf zu verlieren. Dies ist die Ebene, die ich meine. Und sie wäre zur Prävention möglicher Amokläufe nutzbar.

Nehmen wir noch einmal den Überblick über die klinischen Diagnosen zu Hilfe. Auf einen Punkt kann man sich selbst bei kritischer Betrachtung immerhin einigen, und das ist der extreme Narzissmus, der als Zeitphänomen in den Amok-Mördern seine schwärzeste Erscheinungsform präsentiert, während er bei den Top-Managern gewissermaßen als »erlaubte Schwärze« zu erkennen ist. Dieser Narzissmus weist uns Wege, wie Institutionen sich wehren und wappnen können. Diese Wege sind freilich abseits der geübten Denkfiguren zu suchen, denn sie setzen weder auf de-eskalierende Kommunikation noch auf Waffengewalt. Vielmehr zielen sie darauf ab, den Täter in ein lächerliches Licht zu stellen. Seinen Tod plant der Täter ja ein. Aber seine Demütigung nicht.

Nehmen wir die folgende Inszenierung. Der potenzielle Täter betritt das Gebäude, man sieht ihn waffenstarrend auf dem Überwachungsschirm. Martialisch durchschreitet er die Vorhalle der Behörde, in der er sein Massaker zu veranstalten gedenkt. Und dann ertönt Musik – sanfte, schläfrige Musik. Eine Stimme spricht:

»Guten Morgen, Amokbaby. Herzlich willkommen, Baby, wir wissen, wie bedürftig du bist und wie einsam du dich fühlst. Wir kennen deine Angst vor dem Gelächter, und du tust uns wirklich leid. Willkommen, Baby, wir wissen, dass du dich unterlegen fühlst. Du tust uns leid, Kleiner, ehrlich ...«

Man wird sagen, dies müsse die Wut des Täters ja noch steigern, denn es treffe ihn ins Mark. Oder aber er fühle sich lächerlich gemacht, und das müsse seine Wut ins Extrem hochkochen lassen. Doch verhält es sich anders. Denn erstens wird der Amokläufer, wie wir fanden, nicht von Wut geleitet, sondern von kaltem Hass, und es liegt nicht in dessen Natur, sich zu steigern, da er gewissermaßen seinen eigenen Höhepunkt – oder besser: *Tief*punkt – bildet. Auch das Risiko der Provokation besteht nicht, da der Täter zu diesem Zeitpunkt ja die Eskalation bereits geplant hat. Zu fragen wäre allenfalls, ob nicht der blamierende Aspekt noch gesteigert werden könnte, sodass der mögliche Täter weiß, dass im Fall des Tatversuchs eine schauderhafte Demütigung auf ihn wartet.

Ich stelle mir vor: Ein junger und von Waffen starrender Mann betritt eine Realschule irgendwo in Deutschland. Er reißt eine Tür auf, hebt die Waffe und beginnt zu feuern. Der Lehrer, auf die Situation mental in Schulungen vorbereitet, gibt ein elektronisches Signal. Als Folge davon dröhnt es plötzlich aus dem Lautsprecher, eine laute Stimme, von Lachern unterbrochen:

»Guckt ihn euch an, schon wieder so ein kleiner Knirps, der glaubt, er wird stärker, wenn er mit Knarren um sich ballert. He Junge – glaubst du wirklich, das zieht? Mann, ich sage dir, ich lache dich aus! Und warum? Weil du ein Wichtigtuer bist! Ein Idiot! Nicht männlich genug, um sich wirklich zu stellen! Nein, feige bist du – immer auf die Kleinen und Unbewaffneten, stimmt's? Geh doch zu den Soldaten, aber das traust du dich natürlich nicht! Junge, Junge, was für ein Feigling du bist. Mir fällt echt nichts anderes dazu ein als ein lautes Gelächter. Hörst du, Junge, ich lache dich aus …«

Als Folge der unerwarteten Demütigungen erstarrt der Bewaffnete. Unschlüssig blickt er zwischen seinen potenziellen Opfern und dem Lautsprecher hin und her. Für einen Moment scheint er auf den Lautsprecher schießen zu wollen. Dann wirbelt er herum und macht, dass er fortkommt.

Ich gebe zu, dass der letzte Satz Wunschdenken ist. Aber nur aus Wünschen besteht er doch nicht. Wohl mag unser Bild vom irritierten Flüchtigen etwas zu ideal angesetzt sein. Doch nehmen wir bloß einmal an, der Bewaffnete hätte, anstatt zu flüchten, nur auf den Lautsprecher geschossen, so wäre hierdurch doch Zeit für Gegenangriffe gewonnen worden – Zeit zum Überleben. Denn es wäre gelungen, die trancehafte Verdichtung des Täterbewusstseins aufzubrechen und zugleich die tunnelhaft gerichtete Aufmerksamkeit umzulenken – was möglichen Opfern das Leben retten mag.

Alle unsere Analysen, die des Wellenspiels an der Oberfläche, ebenso wie die der Unterströmungen, haben eines gemeinsam: Sie betonen den tödlichen Ernst, mit dem im Amoklauf gehandelt wird. Ob der Amokläufer nun der mythische Rächer aus dem Western ist oder wie Travis Bickle »Gottes einsamster Mann« in Erfüllung des Strafgerichts, ob er sich dem Tabubruch moderner Gewalt verpflichtet weiß oder ob er im Dienst archaischer Ordnungen zu stehen meint, immer sind da der tödliche Ernst und an seiner Seite das Durchdrungensein von Bedeutung, der innere narzisstische Hype.

Hier nun, in der Illusion von Ernst und Bedeutung, sollte die unangenehme Konsequenz für den Amokläufer ansetzen. Die Illusion von Macht, von Bedrohlichkeit muss ihm fragiler gemacht, die Zielrichtung der kalten Wut womöglich umgelenkt werden. Der Täter muss wissen, dass mit seinem bewaffneten Erscheinen für ihn eine Kette der Demütigungen beginnt. Und zwar nicht erinnerter Demütigungen, zu deren Abwehr er ja (auch) auf den Plan getreten ist, sondern brandaktueller.

Man kann in einem Buch über Gewalt niemals alle Techniken offenlegen, die man vielleicht in Therapien oder Kursen vermittelt. Ein Teil von ihnen lebt vom Überraschungsmoment, und dies ist dahin, wenn es allgemeiner Wissensstand wurde. Doch es gibt andere Strategien, von denen der potenzielle Täter wissen sollte, dass sie ihm drohen – Strategien, denen er mit seiner Schusswaffe nichts entgegenzusetzen hat.

Die planmäßige Verhöhnung über vielfach verstreute Lautsprecher wäre eine solche Strategie. Zum einen würde hier für den Täter eine verteufelt unangenehme Situation entstehen, da seine annähernd hermetische Trance an einer fragilen Stelle aufgebrochen würde. Zum anderen würde genau die Thematik, die ihn offen oder latent beherrscht, durch Lächerlichkeit angegriffen – ein Angriff wie von einem Säurebad auf die Waffe, die diesem keine Kugeln mehr entgegenzusetzen hat.

3. Ausbildungen und Riten

Gewalt entsteht nicht nur, sie wird auch inszeniert. Dass Schlägereien nicht nur im Karate-Film eine eigene Choreografie besitzen, diese Erkenntnis verdanke ich einem Skinhead und einem Antifa-Aktivisten, die vor einer Düsseldorfer Diskothek aufeinander losgingen. Bedrängt von entsetzten Passanten sprangen die beiden einander an und aufeinander los und gerieten dabei in jenen Zustand, der wie ein »Drachentanz« aus wechselseitigen Gewaltentsprechungen bestand und dabei doch immer todernst blieb. Auch der Amoktäter inszeniert sich und seinen Auftritt, indem er die entsprechende Kleidung wählt, womöglich bestimmte Sätze spricht und mit der Waffe auf charakteristische Weise gestikuliert.

Es ist dieser Inszenierungsaspekt, an dem das ansetzt, was wir als »Handeln im Brennpunkt« erörterten und was so etwas wie eine Grundausbildung in »kommunikativer erster Hilfe« verlangte. Denn die im letzten Kapitel dargelegten Ansätze verbesserten kommunikativen Handelns haben nur dann Sinn, wenn die Kompetenz dafür weit streut. Ein oder zwei Gewaltmanager von der Polizei richten da wenig aus, und auch der einzeln stehende Sozialarbeiter nicht. Tatsächlich bräuchten wir wohl spezielle Lehrer und Amtsmitarbeiter in genügender Zahl, die für solche Situationen kommunikativ gerüstet sind – und dies dürften pro Amt, pro Schule, pro Einrichtung nicht nur ein oder zwei Leute sein, die dann im Notfall womöglich gerade am entgegengesetzten Ende des Gebäudes weilen, sondern wir bräuchten einen noch zu bestimmenden Prozentsatz an Geschulten, die in jeder potenziell bedrohten Einrichtung zur Verfügung stünden – eine Art Not-Personalschlüssel.

Wer wird so weit gehen, Institutionen kommunikative Trainings anzubieten, die im Ernstfall helfen? Solche Trainings sind am ehesten mit Selbstverteidigungskursen zu vergleichen, die man absolviert, um dem Notfall gewachsen zu sein. Doch jeder seriöse Trainer weist einen darauf hin, dass noch der bestausgebildete Absolvent eines Selbstverteidigungskurses besser flüchtet, als sich auf eine Schlägerei einzulassen. Was im Notfall helfen soll, ist nur für den Notfall gedacht. Um dort aber wirksam werden zu können, muss dieser Fall den mentalen Strukturen gewissermaßen eingraviert werden.

So wie man in manchen Berufen nicht umhinkommt, eine Erste-Hilfe-Ausbildung zu haben, so könnte es notwendig werden, kommunikative Trainings für Notfälle für Lehrer und sozial Tätige institutionell in regelmäßigen Abständen anzubieten. Hierbei geht es nicht allein um jene Formen der Kommunikation, von denen im vorherigen Kapitel die Rede war, sondern auch um präventive Kommunikation, bei der Aggression und Gewalt thematisiert werden.

Die Kommunikation des Themas »Gewalt« ist ein Weg durch schwieriges Gelände; ein Gelände, das von Tabus und Fallstricken gleichermaßen durchzogen ist. Auf der einen Seite drohen die Zwänge der *political correctness*, die offene Äußerungen behindern. Da ein potenzieller Amoktäter ein zwar gewaltbereiter, doch zugleich in der Tiefe ja schmerzlich angepasster Typus ist, so wird er hier vorsichtig darauf bedacht sein, sich nicht als ein Mensch mit dunkler Fantasie zu erkennen zu geben.

Auf der anderen Seite haben wir das Dilemma, dass Gewalt durch Kommunikation auch begünstigt werden kann. Wo wir etwa lange bei der Schilderung des Hergangs von Gewaltakten verweilen, da stärken wir das neuronale Feld, das eben diesem Hergang entspricht. Kein Therapeut würde einen Angstpatienten stundenlang seine Ängste schildern lassen – wir kennen den Effekt, der daraus erwüchse (mehr Angst, präsentere Angst, stärkere Angst!), viel zu gut. Daher werden wir im Vorfeld möglicher Gewaltakte auf Erlebnisse und auf Szenen zu sprechen kommen, die tragisch, heroisch oder versöhnlich sind, und in denen die Möglichkeit der Gewalt und ihre Folgen durch jeweils andere emotionale Färbungen weniger attraktiv erscheint.

Mögliche andere Erfahrungen mögen sich auch da vorbereiten, wo der potenzielle Täter mit einem veränderten Umgang mit dem Phänomen »Amoklauf« konfrontiert wird. Würde er etwa anhand von Riten erleben, dass die Verstorbenen geehrt werden, die Täter aber einem Orkus des Vergessens anheimfallen, so hätte dies Konsequenzen auf die innere Welt, die er sich konstruiert. Stellen wir uns zum Beispiel Riten vor, in denen folgende Worte gesprochen würden: »*Den Opfern wünschen wir Lorbeer, den Tätern Vergessen und uns allen die Kraft und den Mut, es mit dieser neuen Form sozialen Erkrankens aufzunehmen.*« In dem Augenblick, da der mögliche Täter dies hört, kippt sein inneres Bild vom Ruhm in sich zusammen, denn er erlebt ja, dass es gerade die anderen sind, die ihn ernten, die Opfer also.

Hilfreich ist es, wenn mit der Veränderung innerer Bilder die Veränderung äußerer Bilder korrespondiert. Ich habe eben für eine Weile neben der Gedenkstätte zugebracht, die eine Schule in der Eingangshalle für ein Mädchen errichtet hatte, das sich wenige Tage zuvor das Leben genommen hatte. Der Eindruck war berührend, und es war offenkundig, dass sich dies auf das Klima des Miteinanders auswirkte. Wer der Stätte nahe kam, wurde stiller und nahm mehr Notiz von den anderen, Drängeleien und Gehänsel fanden in dem Augenblick nicht statt. So, denke ich jetzt, könnte es auch mit Gedenkstätten für Getötete sein, deren Bilder sichtbar und im öffentlichen Gedächtnis gehalten werden sollten. Das verlangt von einer Institution viel, ist doch dabei immer die Frage nach dem Versagen der Institution selbst im Raum – eine Frage, die wohl nicht zu beantworten ist. Doch ist der offene Umgang mit ihr, wie er sich in Riten des Gedenkens zeigt, in jedem Fall mutig und ehrenhaft und gibt jenen, die es verdienen, das soziale Gedenken, nach dem sich ihr Mörder nur sehnt.

Ich persönlich glaube, dass die spürbare Anwesenheit von Kompetenz und von Riten mehr als nur das Bewusstsein eines Einzelnen verändert. Es spricht nämlich eine deutliche Sprache auch für die Entschlossenheit der jeweiligen Institution, sich mental zu wehren. Der mögliche Täter erfährt darin eine Autorität, der er selbst nacheifert und für die er daher so etwas wie einen empfangsbereiten Schaltkreis besitzt. Demonstrationen der Offenheit, der mentalen Wehrhaftigkeit sowie der Fähigkeit, die wahrhaft Tapferen zu erinnern, werden, so denke ich, auf lange Sicht gesehen mindestens ebenso bedeutend sein wie die Wege der Früherkennung, sorgen sie doch für ein verändertes Klima in der Institution. Und wir wissen sicher, dass nicht jede soziale Erkrankung auch in jedem sozialen Klima gedeiht.

4. Zur Frage der Früherkennung

Ein im 19. Jahrhundert unter Siedlern im amerikanischen Südwesten verbreiteter Spruch ging so: Wie viele Apachen können sich in diesem Raum hier verstecken? Antwort: So viele, die das wollen. Dieser Spruch, obgleich er heute amüsant wirkt, war keineswegs witzig gemeint und diente der Illustration von Angst angesichts der Fähigkeit der Indianer, mit ihrer Umgebung zu verschmelzen.

Gegenwärtig werden Programme diskutiert und möglicherweise bald angewandt, die die Früherkennung von möglichen Tätern zum Ziel haben. Diese Programme, die hilfreich sein mögen, haben leider ein Manko: Streuen sie breit, um möglichst sicher erfassen zu können, setzen sie damit einen Haufen

Unschuldiger unnötigem Druck aus. Werden sie enger gefasst, sinkt ihre Trefferquote möglicherweise. Dies Dilemma ist gegenwärtig nicht auflösbar, doch werden vermutlich in absehbarer Zeit einige Merkmale potenzieller Amokläufer ohnehin Gemeingut geworden sein, und man wird Einzelne, die zu exzessivem Computerspiel neigen und dazu von Gewalt fasziniert und womöglich Waffennarren sind, aufmerksamer beobachten und vielleicht ansprechen.

Andererseits: Bei Modellen wie dieser Art geht man stillschweigend davon aus, dass die umrissene Risikogruppe in ihren Charakteristika einigermaßen stabil bleibt – eine Annahme, gegen die manches spricht. So entsprach z.B. die Schülerin von St. Augustin den geläufigen Profilen nur in sehr geringem Ausmaß, allein dadurch, dass sie weiblichen Geschlechts war. Und so kann es geschehen, dass uns die Risikogruppe mit einem Mal aus der Statistik springt und wir Zeit und Geld dort vergeudeten, wo andere Zugänge sinnvoller gewesen wären. Darüber hinaus muss man vermuten, dass jemandem, der mit dem Gedanken an Amoklauf wirklich spielt, eine auf Profilierung hin zielende Bewegung in seiner Gesellschaft nicht entgeht, und dass er sich also zu tarnen versuchen wird – bis dass er selbst die Hinweise in jenem seltsamen, vermutlich unbewusst motivierten Verhalten, das man »*leaking*« nennt, streut (das Wort bedeutet so viel, wie aus einem Leck etwas ausströmen zu lassen).

Augenblicklich erscheint es als wesentliche Methode der Prävention, auf das »*leaking*«, das Fallenlassen von Signalen der Gewaltbereitschaft, unmittelbar zu reagieren. Die Reaktion besteht im »Stellen« dessen, der die Aussagen traf, sowie in längeren Interviews, die das tatsächliche Ausmaß der Bedrohung zu ermessen haben. Es scheint, als ließen sich damit die Gefahren senken – ist dies aber wirklich so?

Der Vergleich mit dem Suizid ist vielleicht erhellend. Denn nehmen wir das »*leaking*« als eine möglicherweise unbewusst vorbereitete, in jedem Fall aber motivierte Handlung, dann stellt es einen Hinweis, ein Angebot dar, auf das zu reagieren wäre. Doch zeigt gerade das Beispiel »Suizid«, dass dies nur dann greift, wenn die Absicht geringer motiviert oder vorübergehend ist. Die Annahme, in jedem »*leaking*« verberge sich der Wunsch nach Halt und Verhinderung ist mindestens ebenso falsch wie die Vermutung, es zähle hier nur die darin enthaltene Drohung, und bellende Hunde würden nicht beißen. Man kann dagegen den Eindruck bekommen, der potenzielle Täter kündige etwas an in dem Wissen, *dass niemand es dann verhindern kann* (denn weder potenzielle Selbsttöter noch mutmaßliche Amokschützen kann man dauerhaft hindern, ohne sie ständig einzusperren und zu sedieren).

Allzu leicht ist es also, durch simple Erklärungsansätze und Empfehlungen das Thema zu reduzieren und damit im Grunde nur der Verdrängung zuzuarbeiten. Auch ist die Hoffnung, die sich mit dem Thema »Früherkennung« verbindet, wohl nur zum Teil begründet. Gut gemeinte Empfehlungen wie die, niemanden zum Außenseiter werden zu lassen, gehen in diese Richtung. Denn wollen wir wirklich alle jene begabten Außenseiter, aus denen später Regisseure und Psychoanalytiker, PC-Designer und Vulkanforscher werden, in ihrem Werden ersticken?

Wie gibt sich das unterschwellige Potenzial eines Menschen zu erkennen? Hierzu ein alltägliches Beispiel. Auf der Straße spricht mich ein Mann an, stockend. Ob ich ihm helfen könne. Ich sage fahrig, es tue mir leid, ich hätte es eilig – was stimmt, ich muss einen Zug kriegen. Der Mann darauf, nun in völlig anderem Ton: »Dann würd' ich rennen, Arschloch ...!« In diesem Augenblick, so kommt es mir vor, hat der Bettelnde seine Maske abgeworfen, und sein wahres Ich kommt zum Vorschein. Das ist jedoch nur die halbe Wahrheit. Denn woher weiß ich eigentlich, was hier das wahre Ich ist, und was die Maske? Könnte es nicht auch so sein, dass beide Arten, mit mir zu sprechen, Funktionen von Masken waren, während sich die eigentliche Persönlichkeit noch gar nicht gezeigt hat?

Ich denke, dass der potenzielle Amokläufer eine ähnliche Form von Maskeraden benutzt, wobei ihm die medialen Bilder die wir analysierten, auf der Basis einer kulturellen Mythologie als bevorzugte Masken der Tat gelten. Mythisch betrachtet, geht es hier um die unterschiedlichen Seiten des Kriegers. Die Masken im Vorfeld der Tat sind dagegen eher die des unauffälligen Waffennarren, einer Art Redneck und *good old boy* in der jeweils ortsangepassten Variante.

Eine eindimensionale Kommunikation über ein schwieriges Thema steht immer im Dienst einer emotionalen Schadensbegrenzung. Die aber können wir uns im vorliegenden Fall nicht leisten. Denn wir brauchen ja, gerade bei den »school shootings«, Kommunikationsformen, in denen ein potenzieller Täter sich bereits erkennen und spiegeln, in seinem Fantasieren sogar möglicherweise outen kann, ohne deshalb dem Mob und seiner aus der Angst geborenen Verachtung zu verfallen. Und wir müssen bei den anzubietenden Maßnahmen davon ausgehen, dass der potenzielle Täter Masken finden wird, derer er sich dann bedient – Masken, die vermutlich mittels eindimensionaler Kommunikation nicht zu enttarnen sind.

Als Maßnahme zum »leaking« wäre zum Beispiel so etwas wie ein Amok-Telefon denkbar. Eine Instanz, die einlädt. Wer daran denkt, »es« zu tun, der möge anrufen oder mailen und finde sich dort kompetenten Zuhörern gegenüber. Hierbei würde der Mut, »es« auszusprechen, ausdrücklich gewürdigt. In jedem Fall sollte die Kommunikation über den Amokläufer dabei im Vorfeld so geführt werden, dass der potenzielle Täter ahnen kann, dass seine Offenheit geschätzt und mit Wertschätzung belohnt wird, ihm im Fall der Tat jedoch der erwartete Aufmerksamkeitskredit verwehrt bleibt.

Um den latent im Amokläufer schwärenden Hass schon lange vor der möglichen Tat aus der Isolation zu locken, bedürfte es offener Fragestellungen auch in Richtung auf möglicherweise durchaus adäquate Formen der Gewalt. Nehmen wir zum Beispiel eine politische Gruppe, die mit Plakatierung und Internetauftritt gezielt »schlafende« Täter anspräche: »Hör mal, möglicher Amokläufer, hör einen Moment zu. Wir kennen Deinen Hass. Wir wissen von Deiner Wut. Wir wissen, dass Du den Traum hast, einmal wirklich gut dazustehen, und wir finden ihn gut. Wir teilen ihn sogar. Und wir teilen auch den Hass. Nur lass die babes in Ruhe, die Schülerinnen und Schüler, die keine wirklichen Gegner darstellen. Wirkliche Gegner gibt es woanders. Echte Gegner, bei denen sich's lohnt. Komm also raus, komm zu uns und verwirkliche Deinen Traum. Lass Deine Kollegen Kollegen sein und ihr Abi machen oder schmeißen. Komm zu uns und geh mit uns killen – die ***Bank!«

Wesentlich erschiene, auch Themen in die Amokdiskussion einfließen zu lassen, die potenziellen Tätern unangenehm sein dürften – beispielsweise die Frage nach der Sexualität von Amokläufern. Hierbei wäre freilich ein Balanceakt erforderlich, um unsinnige Stigmata (»Amokläufer sind schwul!«) zu vermeiden, die nur erheblichen Schaden anrichten würden. Doch umgekehrt schiene es wenig angebracht, Reizthemen zu vermeiden, um niemanden zu kränken, und dabei wäre eine Diskussion über den Amoklauf als fehlgeleitete Sexualität immer noch als Chance zu sehen, dass ein potenzieller Täter die Tat vermeidet, um nicht in den falschen sexuellen Ruch zu geraten – um womöglich später den Weg zu einer besser integrierten Triebhaftigkeit zu finden.

5. Gewalt als ambivalenter Diskussionsgegenstand

Der Urwald etwa war einmal das Wilde, das es zu zähmen galt; heute aber erinnert er uns noch in seiner bereinigten Form als Zahmwald an das Wilde, das wir selbst einmal waren. Weil er nämlich, ein Weilchen sich selbst belassen, wieder zu verwildern beginnt, einfach so. Und das gilt für jeden Vorgarten ganz genauso. Nun also haben wir ihn, den Urwald, mitten unter uns. Und wir empfinden die Notwendigkeit, uns mit ihm vertraut zu machen, ihn näher zu begreifen. Aber wie?

So sehr wir einerseits Gewalt ächten, so sehr haben wir sie medial gehypet. Und leicht ist es, die persönliche Haltung hinter politisch korrekten Antworten zu verbergen. Der Täter von Winnenden bekundete nicht lange vor der Tat noch in einem Aufsatz, dass man selbstverständlich zwischen Schießscheiben und Menschen unterscheiden müsse und dass es ihm nie einfiele, anstatt auf Scheiben seine Waffe womöglich auf Menschen zu richten.

Solche Aussagen sind leicht zu treffen, da ihnen ja ein Wohlwollen derer begegnet, die gern beruhigt werden möchten. Andererseits: Wenn ich vorhabe, meinen Nachbarn auszurauben, was werde ich dann wohl in einer Befragung antworten, die meine Einstellung zum Privateigentum untersucht? Natürlich werde ich versichern, dass mir Diebstahl niemals in den Sinn käme und dass ich meine Hände stets vom Eigentum anderer fernhalten würde. Aufsätze und Befragungen zum Thema »Gewalt« müssen, wenn sie helfen sollen, offensichtlich anders stattfinden.

All dies verweist darauf, dass wir dringend Formen der Kommunikation über Gewalt brauchen, die einerseits den Hype vermeiden und andererseits eine echte Öffnung innerer Räume ermöglichen. Wer gegenwärtig hasst, grausam fantasiert oder ein archaisches Weltbild hat, der wird sich natürlich hüten, dies der Öffentlichkeit preiszugeben. Könnten wir Wege der Kommunikation finden, die ihn zu anderer Öffnung brächten und so im Vorfeld der Gewalt bereits Wirkungen zeigten?

Möglicherweise ist die kognitiv-emotionale Struktur potenzieller Täter gewissermaßen primitiv narzisstisch, d.h. sie kennt unsere Interpretation, nach welcher sich Weisheit und Grausamkeit ausschließen, noch nicht und empfindet sich selbst als sowohl weise als auch grausam. In diesem Fall wäre die vielfach vertretene Idee, wonach Gewalttätige eine Form der Dominanz in einer tendenziell gewaltgeneigten Welt suchen, falsch. Vielmehr würde ihr Trance-Erlebnis sie in einer Zone halten, welche abseits vom sozialen Konsens unserer Zeit ist und sich auf der Höhe eines Konsenses bewegt, der bedeutend älter ist.

Der Zustand potenzieller Gewalttäter verschlimmert sich in demselben Ausmaß, indem sie spüren, dass Lehrer oder Sozialarbeiterin sie für problematische Wesen halten, denen nur wenig zumutbar ist. Das ist eine Erfahrung, die auch im Vorfeld funktioniert, wenn nämlich die Kommunikation von Lehrern oder Sozialarbeitern so einfühlsam ist, dass sie eine Schwächlingssicht beinhalten könnte. In der Folge kann dies dann bewirken, dass die Kommunikation selbst in umgekehrter Weise gestört wird. Wie so etwas aussehen kann, zeigte die Ankündigung eines Schulfest-Massakers, das übers SchülerVZ an der münsteraner Annette-Schule angekündigt wurde. Das Fest wurde, nachdem die Ankündigung aufgefunden worden war, abgesagt, massives Polizeiaufgebot sicherte den Ort. Nichts weiter geschah. Die Ermittlungen ergaben, dass der Ankündigungstext, ins Netz gestellt von einer Jugendlichen von den ostfriesischen Inseln, von dem Rapper Smoka stammte. Dieser hatte darin Botschaften des

Amokläufers von Emsdetten verarbeitet und zum Song gemacht – einem Song, der nun seinerseits Drohbotschaft wurde.

Nun ist es kaum möglich, dass Ermittler und Sozialberufler alle Rap-Songs kennen. Und selbst wenn sie dies täten, so brächte eine Identifizierung von Song-Material doch keine Entschärfung. Wir kennen jene Briefe von Suizidalen, die aus Zitaten bestehen. Sie, die Zitate, dienen oft im letzten Entscheidungsabschnitt noch einmal der emotionalen Versicherung und Bestärkung und gleichen zudem das aus, was man bei sich selbst als sprachliche Beschränkung erleben mag.

Wesentlich erscheint es mir, das Ausmaß möglicher erlebter strukturell-instrumenteller Gewalt zu erfassen, dem ein Mensch sich ausgesetzt fühlt. Solche Erkundungen werden natürlich beträchtliche Veränderungen triggern können, wenn wir sie uns nicht allein in Schulen, sondern zum Beispiel auch in Betrieben oder auf Ämtern vorstellen. Und doch wäre es fahrlässig, Letztere davon auszunehmen, denn wenn die »school shootings« auch stets besondere Aufmerksamkeit ziehen, so ist das Maß, in dem Amoktäter sich ihrer Arbeitsstelle gewaltsam zuwenden, doch immer noch groß genug, um Maßnahmen wie diese zu rechtfertigen. Daher benötigen wir Formen der Kommunikation und dazugehörige Riten, um latente Gewaltpotenziale ausfindig zu machen und ihnen womöglich Räume der Variabilität zu ermöglichen. Wie aber könnten diese aussehen?

Eine hilfreiche Methode besteht darin, dass man Schülern oder Mitarbeitern einer Institution Gewalttypen zeigt und sie bittet, sich selbst einem Aggressionstypus zuzuordnen. Man erzählt vielleicht zuvor, dass es in der Gewalt so etwas wie eine Typologie gibt: Es gibt Ausländerschläger und Leute, die einfach wahllos draufhauen, sadistisch Motivierte und Familientyrannen, Choleriker, denen es hinterher leidtut, und Einschüchterer, die bei anderen vor allem Angst erzeugen wollen. Alles verschiedene Typen. Die Unterscheidung geht aber noch viel früher los, denn wir selbst gehören im Allgemeinen keinem dieser Typen zu. Alle aber haben wir Aggression. Eine gute Unterscheidungsmöglichkeit besteht darin, zu sagen, dass wir alle Vulkane sind.

Jeder von uns kann Feuer spucken und Lava ausstoßen, aber dabei funktionieren wir unterschiedlich. Grob gesagt, gibt es drei Typen von Vulkanen. Der Einfachheit halber machen wir das an drei Vulkanen deutlich, die es wirklich gibt, nämlich dem *Stromboli*, dem *Ätna* und dem *Vesuv*. Worin bestehen die Unterschiede? Beginnen wir mit dem Stromboli. Dieser Vulkan ist eigentlich fortwährend aktiv. Etwa alle zehn Minuten spuckt er – ein bisschen. Beim Ätna ist das anders. Er kann für längere Zeit schweigen, meistens dauert die Phase einige Jahre. Dann aber wird er laut. Die Ausbrüche des Ätna sind markant, manchmal machen sie Evakuierungen nötig. In der Regel aber passiert nicht viel. Und nach dem Ausbruch ist dann wieder für eine Weile Ruhe. Nun zum Vesuv. Er ist der größte Schweiger von den dreien, aber das heißt keineswegs, dass er weniger wild wäre. Denn wenn er auch normalerweise einen regelrechten Zyklus hat – er bricht, rechnerisch betrachtet, in fünfzig Jahren einmal aus –, so sind die Ausbrüche, die dann erfolgen, doch von solcher enormen Gewalt, dass sie flächenweise Zerstörung anrichten. Ja, mehr noch: Als der Vesuv das letzte Mal ausbrach, da sprengte er sich gleich selbst die eigene Spitze weg.

Massaker-Täter entsprechen, man muss es nicht eigens erwähnen, dem Vesuv. Das heißt nun nicht, dass jeder, der sich hinsichtlich seiner Aggression dem Vesuv zuordnen würde, ein potenzieller Amokläufer ist. Es heißt aber, dass die Erkenntnis, man gehöre einem bestimmten Typus an, hilfreich sein kann bei der Erkundung von Möglichkeiten der Veränderung. Auch wird eine Gruppe, die erkennt, dass in ihr Einzelne sind, die Aggression nur in seltensten Momenten zeigen, diese aber durchaus haben, leichter in der Lage sein, Brücken für den leichteren Ausdruck von Aggression zu bauen und sich dafür zu sensibilisieren, wo und auf welche Weise die Aggression entstehen oder geschürt werden könnte. (Die Metapher lässt sich im Übrigen beliebig erweitern, indem man etwa noch die Bewegung der tektonischen Platten hinzunimmt, was ihr noch einmal einen anderen Aspekt hinzufügt.)

Vermutlich bringen fachkundige Gespräche allein keine Erfolge, auch wenn die Täter angeblich immer etwas lernen. Es muss der desolate psychische Hintergrund einer Person wahrgenommen werden, ohne dass diese zugleich das Gefühl bekommt, hinfort schutzlos ausgeliefert zu sein. Was dabei häufig zutage tritt, das ist, wie wir fanden, eine immense Sorge vor Demütigung, d.h. vor narzisstischer Kränkung. Hier sind eventuell neue Glaubenssätze erfolgreich, die psychisch immunisieren, etwa der, wonach ein starker Mensch gequält werden kann, aber nicht gedemütigt. Er erinnert nicht von ungefähr an den Satz Ernest Hemingways, wonach ein Mann getötet werden kann, aber nicht besiegt.

Erfahrungen lehren, dass aggressive Outsider leichter erreichbar sind durch solche Personen, die selbst vom Rand her kommen, als durch den »middle-class«-Lehrer mit Haus und Garten, der »es« gepackt hat. Daher sind etwa schwarze Basketball-Freaks mit heiklem Hintergrund gut geeignet, in Harlem Streetball zu organisieren, auch wenn diese »social worker« selbst längst auf der sonnigen Seite der Straße einherspazieren. Ihr Hintergrund ist in der Regel anders gewesen, und das ist der Vorteil, mit dem sie antreten. Auch Leute, die aus einem Alltag berichten können, in dem sie mit gefährlichen Menschen konfrontiert waren, eignen sich eher als solche, denen man die Geruhsamkeit zu deutlich anspürt.

Bei den potenziellen Amokläufern dürfte sich dies anders verhalten. Ihr Hintergrund ist ja nicht die Streetgang, nicht der Drogenmorast, nicht die Welt der Nutten und Zuhälter. Sie fallen auch nicht als Kleinkriminelle auf oder sind stadtbekannte Schläger. Wie wir fanden, sind sie im Gegenteil an Anpassung höchst interessiert, und der Rächermythos, der in ihnen wirkt, hat immer noch etwas mit Recht zu tun, auch wenn das mitunter schwer erkennbar ist. Und so ist die inner-institutionelle Kommunikation hier aussichtsreicher als die durch Outcasts, wenngleich es neben der geeigneten metaphorischen Sprache auch ganzer Frage-Batterien bedarf, um Sichtweise und emotionale Haltung hinsichtlich der extremeren Gewalt klarer kenntlich zu machen.

Während des Besuchs in einer Schulklasse kam ich mit den Schülern auf die Filme von Quentin Tarantino zu sprechen (die die Jungen kannten) und um des Kontrasts willen noch auf »Romeo und Julia« von Buz Luhrman, in dem Leonardo DiCaprio den Romeo spielt (diesen Film kannten die Mädchen). Es entspann sich eine Diskussion, die auf die vertraute Frage hinauslief, ob Gewalt in Filmen die reale Gewalt vermehre. Neigten die Jungen tendenziell dazu, die Frage zu verneinen, so gaben die Mädchen der Möglichkeit den Vorzug, dass mediale Gewalt die reale Gewalt steigere. Um der Diskussion eine andere Dynamik zu geben, erkundigte ich mich, ob denn wohl Liebe im Film womöglich die reale Liebe vermehren könne. Zu meinem Erstaunen glaubte dies kaum jemand. Es scheint, als gingen wir stillschweigend davon aus, dass das Schlimme es leichter hat – stehen die Modelle zur Verfügung, dann geht es auch los mit dem Morden.

6. Fragebögen als Diskussionsgrundlage

Das Thema Gewalt anzusprechen ist nicht einfach. Wie unterschiedlich die Gesichter der Gewalt sind, haben wir in Kapitel III. gesehen. Die Vielschichtigkeit eines Themas aber ist oftmals verstörend. Die Gefahr ist daher groß, dass wir versuchen, diese Vielschichtigkeit zu reduzieren. Damit gelangen wir dann zwar zu anscheinend klaren Aussagen (zum Beispiel: »Alle Amokläufer wurden vorher gemobbt«). Die Aussagen haben aber den Nachteil, dass sie in ihrer Einfachheit nicht mehr stimmen.

Je komplexer das Thema erscheint, umso eher stellt sich der Eindruck von Ohnmacht ein. Unser Gehirn ist daher bestrebt, das Komplexe zu reduzieren, um die Chance von Handlung zu erhöhen. Und nur wo wir noch gar kein Handeln erzeugen wollen – im Fall der Reflexion von Gewalt im Unterricht oder in sozialen Einrichtungen wollen wir ja die Einstellung und mit dieser den inneren Erfahrungsraum der Befragten erkunden –, ist es notwendig, die Komplexität des Themas beizubehalten. Dies aber ist schwer – und noch schwerer ist es, dabei provozierend genug zu sein, um Einstellungen hervorzulocken, und doch gleichzeitig so nachdenklich und ernsthaft, dass die Befragung selbst keinen Anstrich von struktureller Gewalt bekommt.

In meinem Neuro-Atelier, einer Forschungs- und Entwicklungseinrichtung, in der aktuelle Befunde aus der Hirnforschung auf ihre Anwendbarkeit hin geprüft und in Assoziation mit anderen Befunden forschend und konzeptbildend umgesetzt werden, habe ich eine Reihe von Fragebögen konzipiert, die als Basis für Gespräche und Diskussionen zum Thema »Gewalt« eingesetzt werden können. Einige von ihnen habe ich in Workshops verwendet; hier ging es um das Ermitteln latenter Gewaltmerkmale bei Betreuern etwa von Einrichtungen des betreuten Wohnens. Andere wurden anhand der Spezifika von Tätermustern speziell für den potenziellen Amokläufer konstruiert.

Jeder dieser Fragebögen setzt sich aus zehn Fragen zusammen, die eine Sphäre der Aggression und der Gewalt erkunden. Die Fragen sind teils auf Ja-/Nein-Antworten hin konzipiert, teils offener gestellt, um Tendenzen zu immer gleichen Antworten zu vermeiden. Ratings gibt es keine, da ja Reflexion, Auskunft und Diskussion im Vordergrund stehen sollen. Auch stellt jeder der Bögen ein *Profil* des Befragten zusammen, niemand wird mit diesen Bögen getestet. Sie sind als Stimuli zu verstehen und als zugespitzte Fragen auf einem Gebiet, auf dem für gewöhnlich die simplen Antworten dominieren. Indem die Fragen einerseits zwar persönliche Haltungen, andererseits aber auch weltanschauliche Aspekte thematisieren, dringen sie in die Psyche der Befragten nicht bohrend ein, sondern locken diese eher aus sich heraus.

Das wesentliche Ziel der Fragebögen ist es, das Verhältnis zur Gewalt im Einzelnen und allgemein neu zu beleuchten und dabei der Falle oder den Versteckmöglichkeiten der *political correctness* zu entgehen. Dabei wird davon ausgegangen, dass niemand ein Null-Verhältnis zur Gewalt hat, jeder Mensch kennt Gewalt, hat sie schon ausgeübt und am eigenen Leib erfahren. Wie und in welcher Form, das ist eine andere Frage. Und jeder Mensch erlebt auch in seinen Imaginationen Gewalt: die eigene oder die fremde, die strukturelle oder die individuelle, mal kathartisch, mal instrumentell. Um diese Zonen zu erkunden und zu kommunizieren wird in der Fragebogen-Batterie jeweils mit zehn Fragen ein essenzieller Aspekte des Phänomens »Gewalt« thematisiert und dabei die Möglichkeit zu einfachen Antwortschemata untergraben. Das Ziel der mit den Fragebögen verknüpften Anamnesen besteht stets darin, sowohl die Haltung und die Bereitschaft der jeweils Befragten als auch die des Interviewers zu erkunden, sodass sich eine Schleife ergibt.

Die Befragung wird, um auch in eine Diskussion einmünden zu können, mit einem angemessenen Zeitrahmen vorgenommen. Eine halbe Stunde Gewaltdiskussion ist besser als nichts, aber eben auch nicht *viel* besser als nichts. Diskussion ist ein Ableitsystem für potenzielle Gewalt, und gerade der stumme, angepasste, sich zurückhaltende Schüler oder Mitarbeiter sollte hervorgelockt werden können. Dies erreichen wir durch die verbindliche Seite des Befragens nur teilweise, erst im Zusammenhang mit der vermehrten emotionalen Aufladung, wie sie Teil einer intensiveren Diskussion ist, kommen die verborgenen Seiten wirklich ans Licht und erhalten dort Gelegenheit, sich Raum zu nehmen.

Der Befragungsleiter nimmt bei der Befragung eine doppelte Rolle ein. Einerseits tut er eigene Positionen kund, indem er selbst auf die Fragen antwortet. Andererseits ist er in der Diskussion dann in erster Linie Moderator und hält sich mit Stellungnahmen und vor allem mit Wertungen zurück. Potenzielle Gewalttäter benötigen, um ihr Gefahrenpotenzial offenzulegen, eine zwar nicht wertfreie, aber zugleich auch nicht dominant wertende Atmosphäre. Da andere Befragte schon deutlich genug ihre Positionen kundtun werden, so muss der Befragungsleiter dies nicht selbst tun. Seine Aufgabe sind die Wertschätzung aller Befragten und das empathische Erahnen des Gemeinten bei gleichzeitiger Echtheit im eigenen Antworten.

Betrachten wir nun einen der Fragebögen näher und stellen uns vor, wie er mit einer Gruppe von Schülern oder Mitarbeitern eines Amts bearbeitet wird. Der Befragungsleiter hat Zeit und Ort gut gewählt, es handelt sich um einen ruhigen und angenehmen Raum, der den ganzen Nachmittag und auch den folgenden Morgen noch zur Verfügung steht. Nun fördert er einen hellblauen Fragebogen zutage und liest in der Folge Fragen vor, die jeweils reihum von den Anwesenden beantwortet werden; manche rascher, manche aber auch langsam und nachdenklich.

Was sind das für Fragen, die hier gestellt werden? Eine für Diskussion sorgende Frage ist zum Beispiel Nummer zwei aus diesem Bogen, sie lautet: »*Würden Sie sagen, dass Gesundheit und Gewaltneigung Gegensätze sind?*« Als sie verlesen wird, ist es zunächst still, dann fordert der Leiter eine Schülerin links von ihm zum Antworten auf, und nach und nach kommen alle anderen nach. Mit der fünften oder sechsten Antwort beginnt die Stimmung sich leise aufzuladen, als nämlich nach einigen »Ja«-Antworten erstmals ein Schüler erklärt, in seinen Augen könnten Menschen mit beträchtlichem Gewaltpotenzial auch ganz gesunde Leute sein. Er hat augenblicklich einige Mädchen gegen sich, die erklären, die Neigung zur Gewalt sei immer ein Zeichen für eine beschädigte Psyche, doch hier springt der Fragenleiter kurz dem Jungen bei und stellt fest, das wisse man keineswegs verlässlich und er halte doch für möglich, dass der Schüler *auch* recht haben könne.

Man muss die richtigen Fragen stellen, um relevante Antworten zu bekommen. Der flapsige Spruch »Keiner fragt, Politiker antworten« bekommt im Gewaltbereich eine besondere Wendung. Denn hier ist man überall gern mit vorschnellen Diagnosen bei der Hand und gelangt doch niemals dahin, offen über Gewalt zu kommunizieren. Dass so latente Gefahren verschleiert bleiben, ist offenkundig. Denn es ist allemal besser, offene Wut, geklärten Hass oder womöglich die übelsten Fantasien im Raum stehen zu haben, als dass diese in den dumpfen Tiefen einer ungeöffneten Seele gären, um dann den Korken, der die Psyche verstopft, irgendwann herausschießen zu lassen.

Im Verlauf des Nachmittags werden die Positionen noch einige Male wechseln. Der Junge, der sich eingangs isolierte, wird dies später noch einmal tun, als er nämlich meint, in seinen Augen sei auch das Zähmen eines Tieres ein Gewaltakt (die Frage danach steht im selben Fragebogen an vorletzter Stelle). Hier erscheinen nun mit einem Mal die Reiterinnen und jene, die Hunde Gassi führen, in veränderter Position, und nachhaltig macht der Junge darauf aufmerksam, wie scheußlich es für einen jungen Hund sein müsse, an die Leine gezwungen zu werden.

Hier wechselt der Diskussionsleiter die Seite erneut und wirft die Frage ein, ob es nicht auch ein Bedürfnis nach Zähmung und Nützlichkeit geben könne. Von einem Schüler mit dem Vorwurf konfrontiert, er sei wankelmütig und halte es mal mit diesem, mal mit jenem, erklärt er später, er habe tatsächlich seine eigene Meinung, finde aber vor allem, dass hier jede Antwort Raum haben müsse. Als er nach der Konfrontation seine Position überdenkt, räumt er ein, es sei vielleicht gut, wenn er selbst sich an den Antworten beteilige. So könne der Eindruck, er schlage sich nur auf anderer Leute Seiten, vermieden werden.

In der Tat wird die Befragung nun noch einmal um eine Nuance reicher. Mit Erstaunen nimmt die Gruppe wahr, dass der Diskussionsleiter, hätte er die Wahl, einen Gewalttäter oder einen Hund vorm Ertrinken zu retten (dritter Fragebogen, Frage 9), sich für den Hund entschiede. Einige Gruppenmitglieder zeigen jetzt eine Scheu vor ihm, da sie hinter dem eher sanften und aufmerksamen Stil des Leiters eine solche Härte nicht vermutet hätten. Zugleich bekommt man den Eindruck, er werde an dieser Stelle von jenem Schüler, der eingangs Gewalt keineswegs für ungesund hielt, respektvoller angeschaut.

Als der Nachmittag vorbei ist, gehen einige still aus dem Raum, während es bei anderen noch laut weitergeht. Insgesamt hat der Befragungsleiter den Eindruck, er werde den kommenden Morgen sicher noch brauchen, um die Nachwirkungen der Befragung zu erspüren. Auch ist ihm aufgefallen, dass einige stillere Schüler zu sehr prägnanten Äußerungen in der Lage waren, die zumindest in einem Fall etwas Abreaktives hatten. Tatsächlich wird mit einigen Fragen der Zweck verfolgt, in der Diskussion kathartische Effekte zu erleben. Durch das Einnehmen radikaler Positionen werden nämlich mitunter schlummernde Gefühlsebenen zu offenem Ausbruch gebracht. Zugleich werden individuelle Voraussetzungen geklärt, die die Neigung zu einer oder zu einer anderen Spielart von Gewalt fördern.

Wie wir im Zusammenhang mit dem Bild vom Vulkan fanden, stellt die Metaphernsprache einen wesentlichen Teil der Gewaltkommunikation dar. Der damit verfolgte Zweck liegt auf zwei Ebenen: Zum einen macht die Kommunikation anhand von Metaphern den Selbstausdruck komplexer und leichter, denn die Metapher ist ja mehr als eine bloße Absichtserklärung à la »Ich könnte hier alle umlegen!« und auch weiter angelegt als die Darlegung von Gefühlen, deren Äußerung im Übrigen gerade jungen Männern oft erhebliche Schwierigkeiten bereitet.

Darüber hinaus leistet die Metapher aber noch mehr. Sie erlaubt nämlich auch behutsame Einwirkung auf das, was der

Sprecher mit der Metapher über sich selbst aussagt. Metaphern werden ja unbewusst gebildet und sie wirken, ausgesprochen und kontextuell eingebettet, auch unbewusst nach. Wenn wir nun annehmen, dass dieser Austausch mit der unbewussten Welt des potenziellen Gewalttäters auch von diesem unterschwellig gewünscht wird – hier erinnern wir uns an dessen Anpassungs-, Zugehörigkeits- und Respektswünsche –, dann bietet die Metaphernsprache hierfür Gelegenheit. Und zwar eine weitgehend gefahrlose Gelegenheit, denn erstens äußern sich hier ja alle, und es wird nicht nur ein Einzelner herausgepickt und interviewt. Zweitens erlebt der potenzielle Täter, dass er mit seinem Aggressionspotenzial nicht allein dasteht, und dass dieses sich nur verschieden bemäntelt, aber doch in jedem anderen auch vorhanden ist.

Es gibt einen Song von Suzanne Vega, in dem sie erklärt, manchmal werde sie für eine Schusswaffe (»a gun«) gehalten, das aber stimme nicht: »I kill more like a needle ...«. Eine Frage, die der Befragungsleiter stellen könnte, greift diese Metapher auf und will wissen, in welche Waffe man sich verwandeln würde, gesetzt, man würde sich in jedem Fall in eine verwandeln. Die Frage gehört zum zweiten Fragebogen, in dem das geheime Selbstbild im Verhältnis zur Gewalt erfragt wird – also nicht mehr die Weltanschauung, sondern die assoziative Selbstpositionierung. Fragen, wie die nach der Verwandlung in eine Waffe, bilden die Brücke zur Emotion, und die darauf erfolgenden Aussagen, ob im Song oder im Spiel, reinigen die Luft von der verordneten Gewaltlosigkeit, hinter der sich der Stau verdrängter Fantasien austobt – und zwar nicht nur im potenziellen Täter.

Ich verwende meine Fragenkataloge auch in Therapien mit gewaltbereiten oder latent aggressiven Klienten. Das vornehmliche Ziel besteht dabei darin, den Wahrnehmungsraum zu erweitern und dem Klienten die Möglichkeit zu geben, seine Positionen neu abzuwägen. Zugleich sind die Bögen so konzipiert, dass sie einfache Antworten im Sinne der *political correctness* nicht zulassen. Das wiederum macht dem potenziellen Aggressor das Verstecken schwer, denn eine Antwort soll ja gegeben werden. Diese aber wird nun in jedem Fall ein deutliches Statement zur Frage der Gewalt sein müssen. Dabei kann immer betont werden, dass die Positionen wandelbar und keineswegs überdauernd stabil sind – dies macht die Chance größer, dass auch unpopuläre Antworten gegeben werden.

X. Gesellschaftliche Prophylaxemaßnahmen

1. Öffentliche Gewaltdiskussionen

Da es vollkommen klar ist, dass auch noch die entwaffnendste Kommunikation nicht alles zu verhindern vermag, und da überdies der Amoklauf in beträchtlichem Maß gesellschaftlich begründet ist, so ist es notwendig, auch über präventive Maßnahmen auf sozialer Ebene nachzudenken. Ich spreche dabei nicht von Vorschlägen wie dem des Bremer Hirnforschers Gerhard Roth, der mittels Frühscans die kindliche Neigung, zum Straftäter zu werden, ermitteln möchte. Denn Vorschläge wie dieser setzen nicht da an, wo das Phänomen entsteht. Wieder individualisieren sie ein Problem, das gesellschaftlich (mit)beleuchtet werden muss.

Bodo Kirchhoff wies im »Spiegel« (Nr. 16, 2009) darauf hin, wie sich die Bilder nach dem Winnenden-Massaker von jenen des Massakers von Erfurt sieben Jahre zuvor unterschieden. Habe man damals Bilder von weinenden Kindern und erschrocken schweigenden Jugendlichen gesehen, so sähe man heute die Befragten über das Ereignis plaudern und erlebe die üblichen Expertenrunden, die auf das Ereignis offenbar medial schon eingestellt waren. Einmal abgesehen davon, dass es, wie im Vorwort dieses Buchs schon betont, eine wirkliche Amok-Expertise nicht geben kann, weil so gut wie niemand einen Amoktäter nach der Tat befragt, analysiert oder therapiert, weist dieser Eindruck darauf hin, dass unsere Gesellschaft das »Amok-Ereignis« zu antizipieren beginnt.

Viele Kliniker haben wie ich selbst erlebt, dass das Nachfragen von Fernsehsendern um eine Stellungnahme sich in den letzten zehn Jahren massiv gesteigert hat. Für gewöhnlich wird etwa nachgefragt, welche Spätfolgen denn ein entführtes Mädchen nun zu erwarten habe. (Eine Frage, mit der ich einmal angegangen worden bin, ohne sie zu beantworten.) Schon der Umstand allein, dass man Erkundigungen einholt, kann natürlich nicht ein Problem genannt werden; es ist eher die Art der

Erkundigungen, um die es hier geht. Wichtiger aber noch ist es, wenn wir Kirchhoffs Worten nachspüren, dass wir das Versierte, das medial Glatte in irgendeiner Weise zu vermeiden lernen, denn dies bedeutet ja nichts anderes, als dass Massaker zu einem Stück Infotainment werden, was wiederum heißt, sie werden zur medialen Planungsmasse.

Nun kann man Kindern und Jugendlichen gewiss nicht vorwerfen, dass sie sich an das anlehnen, was ihnen die Welt der Erwachsenen bietet. Man kann allerdings die Frage stellen, welche Art von gesellschaftlichem Ritual denn einem solchen Ereignis angemessen wäre und welche Rituale möglicherweise sogar zu einem präventiven Modell gesteigert werden könnten.

Der Kalifornier Eddy Massey spielte in einer Kunstaktion die grausame Bestrafung von Vergewaltigern vor. In einem Schaufenster in New York ließ er Männer-Puppen baumeln, die an ihren Penissen aufgeknüpft worden waren. Die öffentliche Resonanz war immens, und nach wenigen Tagen wurde daher die Installation beendet. Wären Installationen denkbar, die Amokläufer lächerlich machten? In denen ihre Individualität aufgehoben und ihr Zerrbild komisch würden? Als Kunstereignisse ohne Frage, als gesellschaftliche Rituale – womöglich. Doch liegen, wie jeder wissen kann, andere Maßnahmen an der Oberfläche näher, viel näher, und würden in kurzer Zeit erfolgversprechend sein.

2. Waffenbesitz ächten

Jeder, der das Phänomen »Amoklauf« untersucht, gelangt zu der Erkenntnis, dass nicht die illegal erworbenen Waffen das Problem darstellen, sondern die legal zugänglichen. Hieraus keine Konsequenzen zu ziehen, wäre überaus töricht. Eine Kultur, in der man sich aufregt, mokiert oder mit dem Finger auf jemanden zeigt, der eine Zigarette raucht, aber kommentarlos hinnimmt, dass Sportschützen und Jäger, Sammler und Vereinsleute Tötungsinstrumente im Schrank haben, eine solche Kultur muss sich nicht wundern, wenn das Gefühl für politisch korrekte Gesundheit wächst, während zugleich Eskalationsphänomene entstehen, die mit dem bösen Zauber der Waffe zusammenhängen.

Denn hier liegt jener Teil des Problems, der am einfachsten zu lösen wäre. Eingezogene Feuerwaffen würden das Risiko für Amokläufe immens senken, einfach weil potenzielle Täter das Problem zu lösen hätten, woher sie eine Waffe nehmen sollten. Der Einwand, da finde sich immer ein Weg, zieht nicht – um in Zonen vorzudringen, in denen man, ohne selbst Gangster zu sein, Schusswaffen erwerben kann, erfordert einige soziale Kompetenz und die Fähigkeit zur geschmeidigen sozialen Anpassung – nicht unbedingt Charakteristika von potenziellen Amokschützen. Diese finden, wie vielfach betont wurde, ihre Waffen im elterlichen Haus oder bei Verwandten vor und müssen keine sozialen Hürden nehmen, die zweifellos für sie echte Hindernisse wären.

Bevor hier jene Einwände ins Thema dringen, die zu erwarten sind, will ich sie gleich selbst einstreuen. Oft wird der Verweis auf die Schweiz als Argument verwendet, wo Männer bis Mitte 40 zu Wehrdienstübungen herangezogen werden und alle diese Männer daheim eine Waffe im Schrank stehen haben. Hat die Schweiz deswegen eine nennenswerte Zahl von Amokläufern? Bis jetzt nicht, und das könnte daran liegen, dass hier eben die militärische Einbildung, von der wir ja mehrfach schon sprachen, ihren positiven Dienst tut, indem jeder, der daheim die Waffe lagert, zugleich einer ist, der durch eine Zeit der Disziplinierung gegangen ist, die ihm den Missbrauch des Instruments erschwert. Wo dies der Fall ist und eine Kultur es durch ihren Rahmen bedingt, da wird die Gefahr der Entartung vermutlich geringer sein.

Sodann habe ich am edlen Waidwerk und am ehrenhaften Sammeln von nostalgischen Waffen auch nicht im Kern etwas auszusetzen – möchte aber seine Folgen nicht ignorieren und ebenso wenig die Möglichkeiten, die es schafft. Und hier sprechen die Zahlen nun einmal sehr deutliche Sprachen. Scheithauer und Bondü lassen uns wissen, dass ca. 3,6 Millionen Menschen in Deutschland insgesamt etwa zehn Millionen Waffen daheim haben. Das ist eine ungeheure Menge – zumal sicher ist, dass Amoktäter ihre Tatwaffen im Allgemeinen aus privater

Hand beziehen. Hier ist also allein schon die Zahl der Faktor, der Sorgen bereitet.

Würden wir umgehend in eine öffentliche Diskussion darüber einsteigen, ob Waffenbesitz generell unterbunden werden sollte, so hätten wir es vermutlich binnen Kurzem mit einer echten Lobby-Debatte zu tun. Denn allzu viele derer, die unsere politische und wirtschaftliche Führungsschicht bilden, sind Jäger und hätten allerhand dagegen einzuwenden, wenn man ihnen ihre Spielzeuge nähme. Andererseits könnte man mit Volksgesundheit und öffentlichem Interesse argumentieren – und müsste dies wohl sogar. Die Diskussionen um die so genannten »Killerspiele« erscheinen vor diesem Hintergrund nachgerade wie Ablenkungsmanöver von den eigentlichen Tatwerkzeugen. Denn so sicher es ist, dass noch niemals ein Mensch durch ein Spiel getötet worden ist, so sicher ist es auch, dass die Zugänglichkeit von Waffen an allen Massakern ihren Anteil hat.

Die Computerspiele haben ihre Funktionen, ohne Frage. Wir erkannten die beiden entscheidenden Funktionen im simulierten Training an der Waffe, das zu einer höheren Treffsicherheit führt, sowie in der Senkung einer Hemmschwelle, die hinfort nicht, wie beim Militär, von der Struktur übernommen wird. Diese Spiele harmlos zu reden, besteht daher kein Anlass. Aber es erscheint doch angemessen, in der öffentlichen Diskussion zu den eigentlichen Tatwerkzeugen überzugehen, wenn es denn ernsthaft eine Amok-Prophylaxe geben soll, die diesen Namen auch verdient.

Tatsächlich – wie komisch steht eine Gesellschaft da, in der man sich über Zigarettenraucher entsetzt, während Leute, die einer Lust am Schießen nachgehen, einen guten Ruf genießen können? Das Reden über Konzentration und Ruhe, über die Körperbeherrschung und das Zielen als Schulung für den Geist kann ja nicht den Blick darauf verstellen, dass man solche Phänomene nicht nur beim Schießen mit der Feuerwaffe, sondern geradeso gut beim Golfen oder beim Bogenschießen antrifft. Also, warum die Gewehre und die Pistolen? So lange wir diese doch eher destruktive Lust nicht kulturell anzugehen bereit sind, so lange kann von ernsthafter Behandlung des Themas »Amok« keine Rede sein.

Bis jetzt ist in keinem politischen Lager eine klare Abgrenzung vom Waffenbesitz erkennbar – es sitzen wohl zu viele Jäger im Parlament. Äußerungen wie jene einer SPD-Abgeordneten, die, anstatt Waffen generell zu ächten, empfahl, niemanden mehr zum Außenseiter werden zu lassen, können hier nur als Verdrängungsversuche mit Modellen einer sozialen Romantik angesehen werden, die im Fall des Amoklaufs nicht nur nicht greift, sondern sogar deplatziert ist. Denn wir erkannten ja schon, dass sozialer Rückzug ebenso Merkmal einer besonderen Begabung sein kann, wie es auch als Vorbote des Amoklaufs möglich ist.

Doch auch ein Waffenverbot wird nicht jedes Problem lösen. Wie Bad Godesberg und Ansbach zeigten, bleibt die Tötungsmotivation auch dann gleich, wenn es den Tätern nicht gelingt, sich Schusswaffen zu besorgen. Die Selbstinszenierung wird dann um ein Geringes variiert, und als Waffen treten nun Schwert oder Axt, Messer und Molotowcocktail in den Ring der Aufmerksamkeit. Waffen also, die man sich leicht organisieren oder, im Fall der Brandsätze, selbst herstellen kann. Der Unterschied ist hier allerdings der, dass das Trainieren am Computer wegfällt und der Täter so jene Tötungskompetenz nicht erlangt, die ihn, wie wir in Kapitel VII. fanden, so bedrohlich macht.

Sowohl die Faszination, die von der Waffe ausgeht, als auch die Dynamik der Vorbildwahl sind am Beispiel des missglückten Attentats von St. Augustin gut nachzuvollziehen. Die Täterin nannte sich in ihrer virtuellen Spielexistenz nach dem Mörder von Winnenden. Sie ersuchte beim örtlichen Schützenverein um ein Training und versuchte, sich eine Schusswaffe zu besorgen. Dies misslang ihr, und da im privaten Umfeld keine scharfen Waffen zur Verfügung standen, wich sie auf Molotowcocktails und ein Ninja-Schwert aus. Immerhin blieb die Faszination, die vom Schießen ausging, stark genug, um noch eine Gaspistole bei sich zu führen und – hier wird die losgelöste Dynamik, das Verkennen von Realitäten besonders deutlich – sich diese Gaspistole an die Schläfe zu halten und abzudrücken, woran aber natürlich niemand stirbt.

Warum wird ein Waffenverbot, ja auch ein Verbot der Killerspiele nicht alles lösen können? Wir kennen die Antwort schon.

Beide berühren die Oberfläche, aber erreichen keine Unterströmung. Wenn die bevorzugten Waffengattungen sich nun derzeit erweitern – neben den mitunter schwerer zu besorgenden Schusswaffen sind insbesondere Ninja-Schwerter für potenzielle Täter interessant –, dann verweist die Wahl erneut auf den Umstand, dass es die Waffen der *Rächer* sind, die hier attraktiv erscheinen, die Werkzeuge der Vergeltung. Und an dieser Stelle wirkt die mythische Unterströmung unmittelbar auf die Oberfläche ein und macht deutlich, dass da, wo wir sie, die mythische Unterströmung, nicht erreichen, das Phänomen sich in durchaus verschiedener Gestalt fortsetzen wird. Aber fortsetzen wird es sich. Und daher wäre das Waffenverbot ein Zeichen, dass unsere Kultur es ernst meint mit dem Agieren gegen Amokläufe.

3. Raum zum Wüten

Es gibt eine Menge Wut in unserer Welt, und es gibt auch eine Menge Hass. Die erlebte Ohnmacht angesichts jener tolerierten Gewalt, von der wir im zweiten Kapitel sprachen, ist groß; die Schere zwischen den Superreichen und jenen anderen, die sich benachteiligt fühlen, klafft weit auseinander. Wer mithalten will und das nicht kann, wer seinen Ehrgeiz nicht zu zügeln vermag und doch wenig Begabung durchblicken lässt, wer andere gefördert sieht, sich selbst aber nicht, wer zum *nerd* wird, ohne dass je gewollt zu haben, der produziert Wut, die in Hass übergehen mag, wo sie keine Räume findet, um sich zu transformieren.

Schaukämpfe, von Konrad Lorenz einst als Triebabfuhr gedacht, haben sich dafür nicht als so tauglich erwiesen, wie der Forscher gemeint hatte. Mancher Tierkampf etwa spornt eher an. Viele Manager fühlen sich von dieser Sphäre angezogen und kultivieren eine Art von »Kriegsspiel«, das von außen grotesk wirken kann. Gewiss, manche öffentliche Tötung mag sogar auf perverse Weise Tiefe enthalten. Das blutige Ritual des Stierkampfes erinnert manchen an die Unausweichlichkeit des Todes und die ihm innewohnende Größe und Tragik. Spätestens da, wo gewettet wird (beim Hahnenkampf etwa), ist es aber mit solcher Größe vorbei.

Was wir am ehesten benötigen, das ist Raum für die Wut und auch den Hass, der gesellschaftlich da entstehen muss, wo Leistung irrelevant erscheint, Partymädchen Stars werden und insbesondere wirtschaftliche Magnaten mit Macht jene Position einnehmen, die vor der Französischen Revolution die des Adels war. Es gibt eine Menge latenten, ungerichteten Zorns in unserer Lebensform, und nicht alles davon lässt sich in Spielen ausagieren oder beim Anschauen von Folterfilmen kathartisch loswerden, zumal diese, wie wir fanden, ja noch eine doppelte Funktion erfüllen, indem sie einerseits die Aktivität der Spiegelneuronen hemmen oder von dieser abspalten, und andererseits einen latenten Sadismus kitzeln, der, wie die Exzesse in Kriegen zeigen, stets in mehr Menschen bereitsteht, als wir uns wünschen können.

Kathartische Räume zu schaffen ist ein heikles Unterfangen. Denn es gibt Zonen im Menschen, die wohl nicht stimuliert werden dürfen. Ein Beispiel: Als 1974 die Aktionskünstlerin Marina Abramovic in Neapel ihr Projekt »Rhythm 0« durchführte, da rührte dies an eine solche Zone. Die Aktion sah vor, dass 72 bereitliegende Gegenstände von den Galeriegästen genutzt werden durften, um der Künstlerin etwas zuzufügen. Es handelte sich dabei um ein Spiel mit der Ethik und mit der natürlichen Hemmung in einer Ausnahmesituation, die ausdrücklich die Erlaubnis vorsah, mit dem Körper Marina Abramovics zu tun, was man wollte. Die Aktion musste abgebrochen werden, als deutlich wurde, was kommen würde – eine Pistole an der Schläfe hatte die Künstlerin zu diesem Zeitpunkt bereits gehabt.

Möglichkeiten, latenten Hass erfahrbar zu machen, ohne ihn in blinden Tatendurst umschlagen zu lassen, müssen erst noch ersonnen werden. Das Computerspiel schien ja vielfach gerade hierfür geeignet zu sein – deutete es doch die Gewalt als irreal und stellte so genau das dar, was zur Triebabfuhr geeignet war. Wer so dachte, übersah nur eine Winzigkeit: Dass kathartische Abreaktionen einen Stau zur Voraussetzung haben (den hat nicht jeder, der diese Spiele spielt), dass sie rituellen Charakter haben (ein Ritual hat Anfang und Ende sowie einen strengen und klaren Verlauf), und dass sie begleitet werden (der, der die Katharsis durchlebt, ist Teil einer Struktur, vielleicht einer Gruppe, in der andere dasselbe erleben oder zumindest erleben könnten und in der wiederum andere dafür sorgen, dass der Rahmen konstant bleibt.).

Nun werden nicht alle jene, die das doch nötig hätten, an den Ritualen teilnehmen wollen. Und andere haben gegenwärtig schon den Übergang von der Wut zum Hass vollzogen und sind damit für kathartische Abreaktionen nur mehr gering zugänglich. Hass, so fanden wir im ersten Kapitel, ist mehr und ist anders als Wut, er wird künstlich aufrechterhalten, und er kann sogar befriedigen. Einzelne Amokläufer haben auf die Frage, warum sie »das« (das Morden) täten, geantwortet, das mache Spaß. Falls dies stimmt, so gibt es möglicherweise eine Komponente der sadistischen Lust im Massenmord, die freilich nicht allein ausschlaggebend sein kann. Denn Sadisten finden wir, wie Freud schon wusste, häufiger dort, wo sie nicht weiter auffallen, in der Tierzucht, in der Altenpflege oder beim Militär. Und diejenigen Sadisten, die noch Schulalter haben, neigen dazu, ihre Triebtendenzen an Schwächeren, Tieren zumeist, auszuleben. Auch erkannten wir schon, dass der Sadismus als Machtlust sich häufiger im Quälen und Erniedrigen äußert – wozu das präzise Um-sich-Schießen nicht ganz passt. So wird der sadistische Teiltrieb also vermutlich nur einen kleinen Anteil am Amoklauf haben – und dennoch lohnt es sich, in Fragen der Prävention auf ihn einzugehen.

Dass sexuelle und aggressive Regungen nicht scharf voneinander zu trennen sind, ist nämlich bekannt. Die Zone für Lustreize und jene, in der die Aggression kontrolliert wird, liegen im Gehirn so dicht beieinander wie Venus und Mars auf den vielen mythologischen Bildern der Maler vergangener Jahrhunderte. Einzugreifen scheint hier kaum möglich zu sein – es sei denn, es gelänge, Sadisten inszenierend etwas von ihrer Lust zu nehmen. Aber nicht jeder schafft es, so schnell ein masochistisches Gegengewicht zu entwickeln, das dann wie im Witz dem Sadisten das Vergnügen raubt. Ich habe gehört, dass in einem Dorf am Amazonas die Mädchen früh lernen, dass ein Mann beim Vergewaltigungsversuch nicht gleichzeitig wirksam seine Hoden schützen kann. Also wird den Mädchen beigebracht, die Hoden sicher und rasch zu ertasten und – falls nötig – umzudrehen. Da auch die Männer wissen, dass alle Mädchen und

Frauen bereit wären anzuwenden, was sie gelernt haben, ist die Vergewaltigungsrate nahe null.

Was wäre nun das Äquivalent im Fall des Amoklaufs? Was nimmt dem Täter seine Freude? Ich würde sagen, alles das, was ihm den Eindruck der Überlegenheit nimmt. Denn wie die Vergewaltigung, die ja mit Sexualität wenig zu tun hat und im Grund ein nackter Gewaltakt ist, bei dem das Ausspielen einer Überlegenheit zählt, so zehrt der Akt des Amokschießens von der ersichtlichen Überlegenheit dessen, der die Waffe schwingt. Alles, was ihm diese nimmt – durch geeignete öffentliche Diskussion über Amoktäter allgemein und über ihre sexuelle Verirrtheit zum Beispiel –, erscheint bereits geeignet, in ihm das Gefühl der Überlegenheit aufzuweichen.

Und dann ist da noch eine andere erwartete Freude des Täters – eine Freude, die er immer nur als Vorfreude kennen wird, denn ihr erfüllendes Eintreten erlebt er nie. Ich spreche von der Freude am Berühmtwerden, am »Startum«; einer Freude, die in unserer Kultur immensen Raum gewann, und wenn auch nur als Chimäre. Hier, wo der Täter seiner Präsenz gewiss sein kann, werden wir unbedingt ansetzen müssen, wenn wir die Erwartungslust dämpfen und das Verstärkerprinzip, das im Täter wirkt, schon im Vorfeld frustrieren wollen.

4. Für ein mediales Ignorieren der Täter

Aufmerksamkeit ist gegenwärtig der am heißesten gehandelte Stoff. Firmen geben Unsummen aus, nur um wahrgenommen zu werden. Menschen lassen sich öffentlich demütigen, damit man ihnen zuschaut und sie wiedererkennt. Und einige wenige tun buchstäblich alles, damit man sie wahrnimmt und ihnen den Respekt zugesteht, den sie so sehr vermissen.

Vor diesem Hintergrund nimmt es nicht wunder, wenn der Amoklauf auch als Methode verwendet wird, ein bisschen von dem heißen Stoff Aufmerksamkeit abzubekommen. Der Täter kann ja wirklich sicher sein, medial in Erscheinung zu treten. Der Einwand, dass er davon doch nichts mehr habe, greift ins Leere – er hat nämlich *vorher* schon etwas davon.

Es sind die Träume vom Ruhm, die den Weg zum Ruhm bahnen. Und es ist die Gewissheit der Aufmerksamkeit, die es erlaubt, diese jetzt schon vorweg zu träumen. So etwas ist möglich, weil in der narzisstischen Verengung der eigene Tod nie wirklich imaginiert, sondern im Sinne eines unechten Spiels angesehen wird, von dem man durchaus noch etwas hat, indem man ihm jetzt schon zuschaut. Der Mechanismus entspricht jenem, der manche Suizidfantasien leitet, in denen verletzte Jugendliche vor ihrem inneren Auge die trauernden, geschockten Angehörigen sehen, die sie vorher so wenig verstanden haben – und sie fühlen, dass es ihnen recht geschieht. Aber sie *fühlen* es eben noch.

Um die hier skizzierte Amok-Motivation trockenzulegen, gäbe es nur einen gangbaren Weg. Dieser Weg bestünde in der völligen medialen Ächtung. Der alte jüdische Fluch »Nicht gedacht soll seiner werden!« müsste hier eine neue Anwendung finden, um sicherzustellen, dass niemand über Massaker die Illusion des Startums erreichen kann. Wenn der, der über Massaker nachdenkt, weiß, dass hinterher niemand seinen Namen nennen, niemand seine Tat veröffentlichen wird, kann er dann die Illusion der öffentlichen Resonanz noch aufrechterhalten? Kaum. Zumindest nicht überdauernd.

Gegenwärtig freilich sind selbst jene Medien, die es doch besser machen müssten, den Gesetzen des Marktes auch da verfallen, wo diese nicht mehr regieren dürften. Ein schönes Beispiel dafür, wie es *nicht* gemacht werden darf, gibt ausgerechnet »Psychologie heute« mit dem Juni-Heft 2009, in dem das Massaker von Winnenden medial nachbereitet wird. Auf den Seiten 36 und 37 findet man in diesem Heft die Porträts der Mörder von Winnenden, Erfurt und Emsdetten sowie aus Virginia und Denver (dort befindet sich Columbine). Der Eindruck dieser Bilder muss jeden, der zum Thema Amoklauf forscht, potenzielle Täter behandelt oder an prophylaktischen Maßnahmen arbeitet, entsetzen. Denn man hat es hier mit einer Art Heldengalerie zu tun, wie sie kaum zuvor im Medienwald besichtigt werden konnte – eine Amok-Verlockungsmaßnahme mithin, wie sie ein perverser Verführer nicht besser hätte bieten können, und dies in einer Zeitschrift, die sich doch dem aufklärerischen Denken verpflichtet fühlen könnte.

Interessant ist, dass die abscheuliche Galerie (die nicht einmal entfernt an Terroristenbilder denken lässt, man denkt unwillkürlich eher an die Reihen von gefallenen Soldaten, die einen aus Fotos heraus ansehen) über einem Artikel erscheint, in dem die Mörder zu »Herostraten« erklärt werden und im Nebensatz die Aussage getan wird, bei den Herostraten vor Christus habe man versucht, durch Verschweigen ihrer Taten mögliche Nachfolgetaten zu verhindern. Offenbar hat man in der Redaktion diesen Hinweis als genug angesehen, um die Bilder nun wirksam reihen zu dürfen. Dabei ist dem Heft freilich ein katastrophaler Fehler unterlaufen.

Denn in der Tat sind Herostraten nicht allein durch Verschweigen zu beseitigen. Doch erstens sind, wie wir zuvor schon fanden, ursprüngliche Herostraten – Täter aus Ruhmsucht also – normalerweise keine Mörder. Der erste, Herostratos eben, steckte einst in Ephesos den Tempel der Artemis in Brand, eines der sieben Weltwunder. Damit ist ein Massaker nun in keiner Weise vergleichbar; Herostraten, die ihrem Namensgeber ähneln, sind eher jene, die Säureattentate auf die »Mona Lisa« verüben oder mit dem Messer auf einen van Gogh losgehen. Amoktäter unterliegen offenkundig einer anderen Dynamik, das grausame Element ist hier deutlich dominanter, und allein der Umstand, dass Herostraten ihr einmaliges Berühmtwerden erträumen, um aus dem quälenden Versagergefühl herauszusteigen, motiviert noch nicht die Brutalität der Tat. Das tut auch die erfahrene Gewalt nicht, denn wenngleich erlebte Gewalt einen starken Prädikator darstellt für später angewendete, so ist diese Beobachtung doch nicht in eine Erklärung umzuwandeln, ohne bis an die Geschmacksgrenze töricht zu werden. Endlich erklärt dies alles nicht, warum gerade in den letzten 15 Jahren die enorme Steigerung des Amok-Phänomens in den USA und in Deutschland vonstattenging – Herostraten gibt es nämlich auch anderswo.

Eindeutig erscheint mir, dass das Motiv des Amoklaufs ein zusammengesetztes ist. Die Erwartung der medialen Aufmerksamkeit kommt hier zu anderen Motiven – individuellen Frustrationen, kulturellen Mythen und sozialen Strukturen – hinzu. Doch wissen wir, dass Aufmerksamkeit einen machtvollen Verstärker darstellt, auch wenn sie nicht die ursprüngliche Leitmotivation des Täters darstellt. Die Häufigkeit von »Trittbrettfahrern« ist ja eine hinlänglich bekannte Tatsache – sollte sich dies tatsächlich mit dem Hinweis auf die frühen Herostraten abspalten lassen?

Ob es möglich wird, dass eine Kultur, die sich so sehr dem Hype verschrieben hat wie die unsere, Sensationen wie den Amoklauf planmäßig ignoriert? Die Trauer der Betroffenen ehrt, Akte der Solidarität findet, die still sind und nachhaltig, und Berichterstattungen ahndet? Dies wäre ein Eingriff in die Möglichkeiten der Presse, so viel ist klar. Doch ist die Rolle auch der kritischen Presse im Fall der Massaker eine extrem unglückliche. Was aussieht wie Analyse ist nämlich zugleich immer *homestory* und medialer Hype, bei dem wir jedes Mal sicher sein können, dass künftige Täter auf ihn rechnen.

Tatsächlich glaube ich, dass der Amoklauf einen Hinweis darauf enthält, dass wir als Kultur wieder zu schweigen lernen müssen. Rituale des Trauerns und der Solidarität werden wir entwickeln können, sie existieren im Ansatz ja schon, aber die Stille und den Schmerz wieder zu verbinden, das wird eine kulturelle Aufgabe von einiger Größe sein. Denn so leicht das billige Entsetzen zu haben ist, so schwer ist das tiefe Fühlen des Wehs, das von den Tätern ausgeht. Und das nicht die leiseste Aussicht mehr haben darf, irgendeinen veröffentlichbaren Effekt zu erzielen.

Das Verhältnis zwischen dem Typus des entarteten Kriegers und jenen, die seiner Entwicklung bloß zusehen und sie in Journalismus verwandeln, wird in Sarah Kanes Stück »Blasted« (»Zerbombt«) in einer besonders drastischen Szene gespiegelt: Dem zynischen Journalisten Ian werden von einem Soldaten, der alles getan hat, was Kriegführende an Grausamem tun, die Augen herausgesaugt und abgebissen. Ian, der alles sah, aber nichts tat – seine Spiegelneuronen taten nicht, was sie sollten, oder aber, er wehrte diese Botschaften ab –, wird gewissermaßen zum Ödipus gemacht, der in der Sage sehend blind gewesen ist und sich selbst mit der Brustspange seiner Mutter blendet. Ian, der hier wohl für eine Kultur der Zuschauer sieht, gelangt freilich nicht zur reuigen Haltung des Ödipus. Nicht er blendet sich, ein anderer – und ausgerechnet ein Täter – muss das für ihn tun.

5. Neue Outlaws

In den letzten zwei Passagen dieses Buchs will ich mich noch einmal auf das konzentrieren, was wir als die Unterströmung der Amokphänomene kennenlernten. Ihnen kann natürlich nicht durch äußere Maßnahmen, durch Kontrollen oder Ratings, Verbote und Scans beigekommen werden, denn sie reagieren auf andere, tiefere, aber auch weiterreichende Stimuli, die etwas mit dem Verständnis des Outlaws als einer kulturell wirksamen Größe zu tun haben. Denn vermutlich kann keine Kultur sich auf Dauer davor schützen, aus ihrer Mitte heraus das zu gebären, was wir als angepassten Täter und als tolerierte Gewalt kennenlernten. Als Amerika den einsamen Helden gebar, dessen dunkle Seite im einsamen Rächer und Mörder besteht, da stand dieser Einsame für etwas, dem in Europa archetypisch betrachtet der Räuberbandenführer gegenüberstand. Beide waren sie als Kämpfer gegen die Willkür Mächtiger angelegt. Und beide haben sie ein Entartungspotenzial, wenn ihr Kampf nicht gerichtet ist.

Der Kämpfer, der für nichts mehr kämpft, wird grausam, wird zynisch, wenn er ein ausgereifter Erwachsener ist. Was aber, wenn er diesen Reifungsgrad gar nicht erst erreicht? Dann entsteht ein zynisches Kind, ein ballernder Luftikus, dem es an jeglicher Struktur fehlt, die nicht technisch ausgerichtet wäre. Man erkennt seine Herkunft erst auf den zweiten Blick. Dann aber steht sie plötzlich vor uns und überfällt uns mit dem Gefühl eines Schocks im Angesicht des tiefer Geahnten.

In unseren Medienanalysen fanden wir im Zusammenhang mit der umwertenden Funktion von Medien, dass mit dem von Heath Ledger gespielten »Joker« ein Typus in die Kinos kam, der an Ausstrahlung den dunklen Helden selbst übertrifft. Wir dürfen sicher sein, dass potenzielle Amokschützen solche Veränderungen des medialen Bildes sehr genau zur Kenntnis nehmen. Wie stark der Leitbildcharakter dann ist, lässt sich natürlich verlässlich niemals bestimmen. Zumindest in einem Fall, dem von Dendermonde, ist aufgrund der Maskerade, die der Täter benutzte, sehr wahrscheinlich, dass ihm der »Joker« als Vorbild diente. Und die öffentliche Resonanz darauf war nicht minder mediengeneigt. Ohne dass überhaupt klar war, ob sich der Täter an Heith Ledgers »Joker« orientiert hatte oder nicht, wurde der Täter in der nachfolgenden Berichterstattung der »Joker« genannt. Falls also das Kalkül des Mörders darin bestanden hatte, durch Akte moderner Gewalt und ein stilisiertes Äußeres so etwas wie eine Verschmelzung mit dem »Joker« zu bewerkstelligen, so ging es haargenau auf.

Wenn nun die Frage käme, was denn mit den alten Werten sei, und ob man Filme wie »The dark knight« nicht doch vielleicht vorsichtiger freigeben sollte, was wäre zu antworten? Ich denke, die Antwort müsste auf zwei Ebenen erfolgen. Eine ist die künstlerische. »The dark knight« ist ein toller Film, »Das Schweigen der Lämmer« auch, da gibt es kaum eine Diskussion. Sodann die des Unbewussten. Hier wäre es ein Fehler, in der neuen Inszenierung des Täters bloß einen Rückschritt und eine Gefahr zu erblicken. Denn analytisch betrachtet sind sowohl die »Joker«-Maskerade als auch die willige Bereitschaft, den Täter mit dieser zu identifizieren, als Hinweis auf Veränderungen in unserem gesellschaftlichen Unbewussten zu werten. Veränderungen, die womöglich tatsächlich dem Outlaw, dem glamourösen Tabubrecher mehr Raum gewähren und mehr Achtung zollen, als unserer Bewusstseinsstruktur das lieb sein kann. So liefert der Joker eine grausame Chiffre dessen, was zur Finanzkrise und der Rolle der Investmentbanker zu sagen wäre, als er einen der Superreichen auf einem Berg aus Papiergeld mit diesem verbrennt. Was aber genau geschieht denn eigentlich, wenn ein grausamer Täter charismatisch wird und damit Leitbildcharakter bekommt?

Ich denke, dass dieser Täter dort wirksam wird, wo wir in unserer Psyche eine Leerstelle finden. Die Leerstelle, um die es hier geht, ist die des charismatischen Outlaws, der *für* etwas kämpft. Den Täter mit dem weißen Kragen sehen wir alltäglich im Fernsehen oder auf den Zeitungen, und ohnmächtig müssen wir zur Kenntnis nehmen, dass er mit plumpdreistem Lächeln und dem Victory-Zeichen den Gerichtssaal verlassen kann. Auch dies sind ja mediale Phänomene, und sie erzeugen mehr Wut und mehr Ohnmacht, als es gesund sein kann. Haben wir aber einen Kämpfer, einen Rebellen, der hier Krieg führen würde? Wir haben ihn nicht, noch nicht einmal im Film. Die einzige Gestalt, die ein bisschen hiervon hatte, war Johnny Depp als Captain Jack Sparrow, und dieser gab eher dem Freiheit suchenden Outlaw Gestalt, also eher einer Kinderbuchfigur, als dass man ihn hätte als wirklichen Kämpfer ansehen können, der so etwas wie eine mythische Kraft entfaltet (vgl. auch Milzner 2008). Vor diesem Hintergrund erscheint mir auch der »Joker« nicht nur als der Repräsentant des Bösen. Im Gegenteil verkörpert er möglicherweise eher so etwas wie ein Zwischenstadium.

Ich persönlich glaube, dass jenseits dieses Zwischenstadiums wieder die Ziele interessant werden, für die der Outlaw eintritt. Der »Joker« ist ein Freak, der nur an einem interessiert ist, und das ist Zerstörung. Ganz ohne Frage hat er selbst aber gelitten. Wie Hannibal Lecter sucht er in erster Linie die Überschreitung, ist also ein moderner Gewalttäter. Beide sind sie der Gemeinschaft entglitten und haben keine neue gesucht, sie haben allenfalls ausführende Organe, aber weder Freunde noch Gleichgesinnte. Eine Gottheit kennen und suchen sie nicht. Hier aber enden die Parallelen. Denn anders als der kannibalische Psychiater sucht der »Joker« nicht den exquisiten Genuss, sondern wilden Spaß, der ihn zum Fuchteln und Kreischen bringt. Das ist der Spaß eines Dreijährigen, nicht der eines Mannes, und in der Tat wirkt der »Joker« nicht wirklich männlich. Und vage lässt sich erahnen, dass da in seinem Inneren eine Leere wohnt, die nach Aktivität verlangt – eine Leere, die unruhig macht und tieftraurig.

So geht es, wenn wir von der umwertenden Funktion der Medien sprechen, nicht wirklich um Gewalt allein. Im Grunde geht es vielmehr um ein Outlawtum, das wieder *für etwas* kämpft. Es darf ja, es soll gekämpft werden. Sogar hart gekämpft, wenn nötig. Die Greenpeace-Aktivisten finden die meisten Jugendlichen toll. Und hieran sind nicht zuletzt wohl Komponenten beteiligt, die schöner sind als das, was der »Joker« und jeder jugendliche Adept verheißen, denn

- Aktivisten wissen, *wofür* sie kämpfen,
- Aktivisten gehen *persönliche Risiken* ein,
- Aktivisten handeln *gemeinschaftlich*.

Betrachten wir diese drei Faktoren, so kommen wir kaum umhin zu erkennen, dass jenseits der modernen Gewalt, für die »The Dark Knight« sowie die Hannibal-Lecter-Filme stehen, eine Neuerfindung des *Kriegers* zu erwarten ist. Eines Kriegers wohlgemerkt, dessen Äquivalente in der Wirklichkeit noch nicht hinreichend existieren und die im medialen Bereich aber mit Filmen wie »Die fetten Jahre sind vorbei« gerade erst vage erkennbar werden. Diese Filme, in denen moderne Äquivalente der Räuber aus Rechtsempfinden aufscheinen, leisten allerdings auch etwas anderes: Sie lassen jenen, die wirtschaftliche Macht haben und missbrauchen, ihre weißen Kragen nicht und benennen so Zonen mit, die gesellschaftlich bislang über Gebühr toleriert wurden.

Gelänge es uns, das Bild des Outlaws aus Rechtsempfinden neu zu beleben und zu füllen, so könnten wir womöglich die Leerstelle, auf die der Amokläufer verweist, füllen. Er, der Angepasste ohne Größe und der Rebell ohne Mut, so asozial wie mancher Topmanager, nur ohne dessen Kontostand, ein Träumer der falschen Träume und Narziss ohne Spiegel, läuft, indem er Unglück verbreitet, selbst an seinen Möglichkeiten des Glücks vorbei. Möglichkeiten, die durchaus welche des Kampfes sind, allerdings eines Kampfes miteinander *für* etwas anstatt gegen alle, und mit der Aussicht auf das, was sich jeder einsame Rächer ersehnt: den Respekt und die Beute, auf die kein Störtebeker je verzichten will.

6. Die Neuorientierung der dunklen Seite

Ich schreibe die letzten Zeilen dieses Buchs in Edinburgh, der Stadt Mr. Hydes. Robert Louis Stevenson erschuf mit ihm einen Prototyp des Bösen, der, so könnte man sagen, ein Bild dessen formt, was im Amokläufer geschieht. Als nächtige Zerrfigur des wohlanständigen Dr. Jekyll stellt er auf eine grausame Weise doch zugleich dessen Ergänzung dar.

Erinnern wir uns: Dr. Jekyll ist ein Mann, der seine Neigung zur Ausschweifung nicht mit dem Ziel äußerer Wohlanständigkeit vereinbaren kann. Zugleich hegt er ein metaphysisches Interesse an der Frage nach dem Bösen. Er löst seinen Konflikt, indem er eine Salzlösung findet, durch die er den dunklen Triebkräften in sich eine eigene Existenz verleiht – Mr. Hyde. Indem er dies tut, befreit er das Schlechteste in sich, das zugleich von Schlechtigkeit selbst keine moralische Vorstellung hat. Es genießt den Schmerz und das Leiden anderer einfach, denn es ist seiner Natur nach böse.

Dr. Jekyll erlebt den aus ihm geborenen Mr. Hyde als befreit. Stimmt das aber? Nein, es ist nicht ganz richtig. Mr. Hyde ist nicht frei, er ist im Gegenteil geradezu programmartig dem Bösen verpflichtet. Dazu hat er panische Angst vor dem eigenen Tod. Dr. Jekyll stellt ihn dar als einen, der in der Bedrohung nur die Flucht und den Angriff kennt – also als einen, der dem Reptiliengehirn verpflichtet ist, denn dies sind Impulse, die bereits im Stammhirn existieren, jenem Hirnteil, den die Schlangen und Krokodile schon mit uns teilen. Und etwas verwundert: Warum eigentlich hat Mr. Hyde keine spürbare Sexualität? Es scheint, wenn man die Erzählung liest, nie etwas von Wollust, von Ekstase daraus hervor, nur Bosheit, Übelwollen, Freude am Übertreten, am Schmerz der anderen. Und in allen, denen er begegnet, erzeugt er den Eindruck von Widerwillen.

Schon Robert Louis Stevenson selbst versuchte wohl, sich die Implikationen seiner Geschichte möglichst vom Leib zu halten. Denn als er seine monströse Gestalt in der schottischen Hauptstadt ersann, da verlegte er die Handlung nach London, vielleicht, um ein bisschen von den eigenen Lebensumständen abzulenken. Das ist in etwa dasselbe, was wir heute tun, wenn wir den Amoklauf mit Amerika verbinden und nicht wirklich mit uns. Zunächst erfahren wir dabei eine Entlastung. Die aber hält nur kurze Zeit, denn die Sache hat einen Haken.

Was nämlich damals in London wirkte, das wirkte auch nach Edinburgh hinein. Und zwar nicht, weil die Londoner so böse waren, sondern weil die Edinburgher sich selbst bereit dafür fanden. In ganz ähnlicher Weise ist auch nicht Amerika schuld an unseren Amokläufen, sondern wir haben die Bereitschaft mitgebracht, auf amerikanische Weise Strukturen zu schaffen, die den Amoklauf begünstigen. Diese Strukturen sind es, die zu Folgen führen, mit denen wir nur fertig werden können, indem wir uns auf die eigenen kulturellen Ressourcen besinnen. Was nicht als psychologischer Anti-Amerikanismus zu verstehen ist, eher als notwendige kulturelle Emanzipation.

Man bekommt in Edinburgh ein Gefühl dafür, was es mit dem Dunklen, dem Bösen, der anderen Seite in uns auf sich hat, die immer da, wo man sie zu verhindern versucht, ihre radikalsten Belebungen erfährt. Wir erkannten, dass dort, wo die schwarze Seite des mythischen Helden zum gesellschaftlichen Symptom geworden ist, seine andere, lichte Seite helfen könnte – wenn es gelänge, sie charismatisch aufzuladen. Die Alternative wäre, dem amerikanischen Leitmythos den europäischen entgegenzusetzen, wie wir es eben schon vorsichtig andachten. Denkbar wäre, dass so neue Streiter für das entstünden, was gerecht ist, auch wenn es nicht Gesetz ist – zunächst wohl im Kino, der primären Produktionsstätte für die neuen Leitbilder des kulturellen Unbewussten, dann aber auch – wer weiß? – in der Welt ...? Ungerechtes und ehrloses Handeln bestimmen ja weite Teile dessen, was wir politisch und vor allem wirtschaftlich wahrnehmen können. Und man könnte sagen, eine Kultur, die der Ehre keinen Raum gibt, müsse sich über ehrloses Handeln nicht wundern.

An dieser Stelle dürfen wir nicht vergessen, dass ein Amokläufer für sich eine Rolle vorgesehen hat. Diese Rolle stellt das Beste dar, was er sich für sich selbst vorzustellen imstande ist. Wenn aber Menschen so leben, dass die beste Rolle, die sie für sich als möglich erachten, die eines Amokläufers ist, dann sind Teile unserer Kultur offenbar so eng und perspektivenarm geworden, dass Visionen insgesamt dringend nottun. Was bedeutet, die mythische Dimension, die im Amoklauf auch steckt, umzumünzen. Ihr eine Zielrichtung zu geben und sie zum Gegenstand visionären Denkens insgesamt zu machen.

Werden neue Visionen sich abzeichnen und – noch wichtiger – neue einsame Kämpfer daran gehen, diese zu verwirklichen? In dem Augenblick, da ich über Mr. Hyde schrieb, sah es noch nicht so aus. April sei der grausamste Monat von allen, schrieb einst T.S. Eliot; es handelt sich um die Anfangsverse seines großen Gedichts »The waste land – Das öde Land«. April ist für die Angehörigen zweier der größten Massaker in Amerika, jenes von Columbine und das von der Virginia High Tech, zum traurigen Monat geworden, schreibt auch Hubert Wetzel in der »Süddeutschen Zeitung« (Ausgabe vom 2.4.09). Im Frühling 2009 sah es wirklich wieder traurig aus, denn soeben hatte der mit so vielen Hoffnungen versehene Barack Obama sein Einknicken bezüglich mehr *gun control* signalisiert, mit Rücksicht auf die rechts gerichteten Wähler im Süden und im Westen der USA würde es keinen erschwerten Zugang zu Waffen geben. Und im April 2010 explodierte dann die Bohrplattform »Deepwater Horizon«, worauf der amerikanische Präsident bis zur Tragikomik demonstrierte, wie wenig er zum echten Kämpfen taugt.

Was immer Obama an Modellen anbieten und auf welche Mythen er heute Bezug nehmen will – *diesen*, unseren Mythos vom einsamen Krieger, dessen Perversion wir im Amoklauf erkannten, scheint er nicht bedienen zu wollen. Zu wichtig ist ihm, wie es scheint, die große Versöhnung, bei der man die Themen, für die es zu kämpfen lohnt, aus den Augen verlieren kann. Und so kann man befürchten, dass sich am Symptom der Gesellschaft wenig ändern wird, denn wenn Oberfläche (Waffenverfügbarkeit) und Unterströmung (Mythos) gleichermaßen ignoriert werden, dann geht die Tendenz dazu, alles beim Alten zu lassen.

Es sieht danach aus, als würden die USA, das Land, dessen Mythos den modernen Amoklauf nährt, einen glatten, harmoniebedürftigen Menschen zur Leitfigur haben, dessen partielle Durchsetzungen eine grundsätzliche Vermeidungshaltung nur verschleiern. Da dieser ein Absolvent bedeutender Schulen ist, so kann er mit seinem glatten Verhalten jene, die sich minder ausgestattet fühlen, wohl kaum berühren. Kein Führer kommt aber über kurz oder lang daran vorbei, das aufzugreifen, was im Unbewussten einer Nation wirkt – und leider wissen die Schlimmsten das immer am besten. In den letzten Jahrzehnten waren die Wege, sich mit dem Mythos des einsamen Kämpfers auseinanderzusetzen, wenig hilfreich. Sowohl der Weg des ignoranten Kriegers (Bush) als auch der des hedonistischen Verweigerers (Clinton) liefen an einer neuen und positiven Aufladung des Bildes vom einsamen Kämpfer vorbei. Wenn nun der neue Präsident ein weiteres Beispiel dafür bietet, wie man an ihm vorbeiläuft, dann kann aus dem Land, das den modernen Amoklauf als Symptom hervorbrachte, keine Erlösung kommen. Aber vielleicht von anderswo?

Literatur

Appadurai, A. (2009). Die Geographie des Zorns. Frankfurt am Main.

Arendt, H. (2003). Macht und Gewalt. 15. Auflage. München und Zürich.

Bandelow, B. (2006). Celebrities. Vom schwierigen Glück, berühmt zu sein. Reinbek.

Barg, W.C. (1996). Die Tragikomik der Gewalt – Quentin Tarantinos PULP FICTION. In: W.C. Barg & T. Plöger: Kino der Grausamkeit. Frankfurt am Main.

Baudrillard, J. (2001). Der Geist des Terrorismus. Herausforderung des Systems durch die symbolische Gabe des Todes. In: lettre international, 55, S. 11 – 14.

Buss, D. (2005). The Murderer Next Door. Why the Mind is Designed to Kill. New York.

Enzensberger, H.M. (2006). Schreckens Männer. Versuch über den radikalen Verlierer. Frankfurt am Main.

Fromm, E. (1974). Anatomie der menschlichen Destruktivität. Reinbek.

Grossman, D. & DeGaetano, G. (1999). Stop teaching our kids to kill. A call to action against tv, movie & video game violence. New York.

Haneke, M. (2006). »Angst ist das tiefste Gefühl.« Ein Interview von Katja Nicodemus und Thomas Assheuer. In: Die Zeit, 4, S. 45.

Hesse, J. & Schrade, H.-C. (1994). Die Neurosen der Chefs. Und wie Sie mit ihnen fertig werden. Frankfurt am Main.

Heubrock, D., Hayer, T., Rusch, S. & Scheithauer, H. (2005). Prävention von schwerer zielgerichteter Gewalt an Schulen. Rechtspsychologische und kriminalpräventive Ansätze. In: Polizei und Wissenschaft, 1, S. 53 – 57.

Hoffmann, J. & Wondrak, I. (2007). Amok und zielgerichtete Gewalt an Schulen. Früherkennung – Risikomanagement – Kriseneinsatz – Nachbetreuung. Frankfurt am Main.

Hoffmann, J., Roshdi, K. & Robertz, F. (2009). Zielgerichtete Gewalt und Amok an Schulen. Eine empirische Studie zur Prävention schwerer Gewalttaten. In: Kriminalistik, 4.

Kernberg, O.F. (1996). Die narzisstische Persönlichkeitsstörung und ihre differentialdiagnostische Abgrenzung zum antisozialen Verhalten. In: O.F. Kernberg (Hrsg.): Narzisstische Persönlichkeitsstörungen (S. 52 – 70). Stuttgart.

Langman, P. (2009). Amok im Kopf. Warum Schüler töten. Weinheim und Basel.

May, R. (1982). Die Quellen der Gewalt. Eine Analyse von Schuld und Unschuld. München.

Milzner, G. (1996). Pallas Athene und wir. Über Gewalt, Dummheit und Kreativität. In: Am Erker. Zeitschrift für Literatur, 32, S. 17 – 23.

Milzner, G. (1997). Hypnotherapie mit Aggressiven. Überlegungen, Fallbeispiele und ein Modell. In: Experimentelle und klinische Hypnose, 1, S. 55 – 69.

Milzner, G. (1999). Kommunikation und Massaker. 79 Notizen zum Jugoslawien-Krieg. In: Suggestionen, 2, S. 13 – 31.

Milzner, G. (2001). Die Poesie der Psychosen. Zur Hypnotherapie des Verrücktseins. Bonn.

Milzner, G. (2005). Ritter, Trance und Teufel. Hypnotherapie mit Aggressiven. In: Abschlussvorträge der Jahrestagung der Deutschen Gesellschaft für Hypnose e.V. (DGH) 2004. Dortmund: video-cooperative-ruhr.

Milzner, G. (2005). Die Hypnotherapie von Persönlichkeitsstörungen. In: Th. Giernalczyk (Hrsg.): Zur Therapie von Persönlichkeitsstörungen. Zweite, überarbeitete Auflage (S. 55 – 66). Tübingen.

Milzner, G. (2008). Das früh verengte Kind. Hirnforschung, sozialer Ausschluss und die Folgen der Frühförderung. In: R. Kock und H. Günther (Hrsg.): Lasst und leben – lebt mit uns! Pädagogik der sozial Ausgeschlossenen. Frankfurt am Main u.a.O.

Robertz, F.J. (2004). School Shootings. Über die Relevanz der Phantasie für die Begehung von Mehrfachtötungen durch Jugendliche. Frankfurt am Main.

Robertz, F.J. & Wickenhäuser, R. (2007). Der Riss in der Tafel. Amoklauf und schwere Gewalt in der Schule. Berlin.

Roth, G. (2003). Fühlen, Denken, Handeln. Wie das Gehirn unser Verhalten steuert. Frankfurt am Main.

Scheithauer, H. & Bondü, R. (2008). Amoklauf. Wissen was stimmt. Freiburg im Breisgau.

Schmidbauer, W. (2003). Der Mensch als Bombe. Eine Psychologie des neuen Terrorismus. Reinbek.

Schmidtke, A., Schaller, S., Müller, I., Lester, D. & Stack, S. (2002). Imitation von Amok und Amok-Suizid. In: M. Wolfersdorf und M. Wedler (Hrsg.): Terroristen-Suizide und Amok. Regensburg.

Schwartz, H.S. (1992). Narcisstic Process and Corporate Decay: The Theory of Organizational Ideal. New York.

Theweleit, K. (2003). Der Knall. 11. September, das Verschwinden der Realität und ein Kriegsmodell. Frankfurt am Main.

Waldrich, H.P. (2007). In blinder Wut. Warum junge Menschen Amok laufen. Köln.